DEUS
é poderoso

DEUS
é poderoso

PRISCILLA SHIRER

Traduzido por Claudia Santana Martins

Copyright © 2023 por Priscilla Schirer
Publicado originalmente por B&H Publishing Group,
Brentwood, Tennessee, EUA.

Os textos bíblicos foram extraídos da *Nova Almeida Atualizada* (NAA), da Sociedade Bíblica do Brasil, salvo indicação específica.

Todos os direitos reservados e protegidos pela Lei 9.610, de 19/02/1998.

É expressamente proibida a reprodução total ou parcial deste livro, por quaisquer meios (eletrônicos, mecânicos, fotográficos, gravação e outros), sem prévia autorização, por escrito, da editora.

Edição
Daniel Faria

Revisão
Ana Luiza Ferreira

Produção
Felipe Marques

Diagramação
Gabrielli Casseta

Colaboração
Guilherme H. Lorenzetti

Capa
Rafael Brum

CIP-Brasil. Catalogação na publicação
Sindicato Nacional dos Editores de Livros, RJ

S56d

Shirer, Priscilla, 1974-
  Deus é poderoso / Priscilla Shirer ; [tradução Claudia Santana Martins]. - 1. ed. - São Paulo : Mundo Cristão, 2025.
  160 p.

  Tradução de: God is able
  ISBN 978-65-5988-426-1

  1. Deus - Onipotência. 2. Deus - Cognoscibilidade. 3. Deus - Atributos. 4. Vida espiritual - Cristianismo. I. Martins, Claudia Santana. II. Título.

25-96433

CDD: 231.042
CDU: 27-144

Meri Gleice Rodrigues de Souza - Bibliotecária - CRB-7/6439

Categoria: Inspiração
1ª edição: abril de 2025

Publicado no Brasil com todos os direitos reservados por:

Editora Mundo Cristão
Rua Antônio Carlos Tacconi, 69
São Paulo, SP, Brasil
CEP 04810-020
Telefone: (11) 2127-4147
www.mundocristao.com.br

Dedicatória

Eu tinha dezessete anos quando um jovem pregador postou-se atrás do púlpito na igreja e transmitiu uma mensagem sobre Efésios 3.20-21. Fiquei encantada. Cada palavra era como um fósforo acendendo uma chama nas profundezas de minha alma — um fogo que jamais diminuiu nas três décadas desde então.

Este livro *ainda* é dedicado àquele pregador, agora aos setenta anos e prestes a se aposentar.

Richard Allen Farmer, obrigada por ser um aluno fiel da Palavra de Deus, proclamador destemido da verdade de Deus e servo do corpo de Cristo. Você é um amigo confiável e amoroso pastor para Jerry e para mim, e… estamos eternamente gratos.

Sumário

Dez anos depois: Uma nova apresentação — 9
Inicialmente: Conte-me — 15

1. Tempo — 35
   "Agora…"
2. Giro — 53
   "… a ele…"
3. Verdade — 67
   "… que é poderoso para fazer…"
4. Transcendência — 85
   "… infinitamente além…"
5. Completude — 101
   "… de tudo o que pedimos ou pensamos…"
6. Turbo — 115
   "… conforme o seu poder que opera em nós…"
7. Tributo — 135
   "… a ele seja a glória…"

Finalmente: Conte tudo — 149
Sobre a autora — 157

Dez anos depois

Uma nova apresentação

Dez anos. Eles passam tão rápido.

Dez anos não são nada. Dez anos são um longo tempo. E posso ser sincera com você? Esses últimos dez anos não foram minha época favorita. Sim, tive muito a agradecer. Agradecer a Deus, que deu à minha família e a mim muito mais do que merecemos. Entretanto, muitos dos detalhes e dinâmicas de minha vida nos últimos dez anos que foram diferentes daqueles em minha vida anterior foram bastante difíceis de enfrentar. Doeram. Arrancaram pessoas de minha vida. Encerraram capítulos de minha vida que eu não estava pronta a encerrar. Abriram feridas em meu coração e meu corpo onde antes havia pele sem cicatrizes. Eles me exauriram. Eles me afetaram. Eles fizeram com que eu sentisse o peso de minha idade.

Esses dez anos.

Então, quando minha editora me perguntou se eu estava disposta a voltar e revisar este livro uma década depois de seu lançamento, confesso que fiquei um pouco preocupada com o que encontraria nas páginas do original. Receei que pudesse parecer simplista demais pelos padrões mais estressantes de hoje. Temi que pudesse soar tão açucarado como um tabuleiro de rolinhos de canela, macios, pegajosos, recém-saídos do forno — do tipo que uma garota dez anos mais jovem do que eu talvez pudesse comer habitualmente sem quaisquer efeitos imediatos aparentes, mas não eu. Não agora. Nunca mais.

Receei que eu tivesse apresentado uma versão de Deus que só havia vivido dentro de meu otimismo jovem, de olhos brilhantes. Temi que, quando voltasse a ler, fosse achar meu tom e minha linguagem ingênuos demais, estilo "chefe de torcida", lançando para todos os lados chavões que antes me soavam como sabedoria definitiva. Temia ter dado a impressão de que pudesse eliminar todas as suas dúvidas e perguntas com o estilo de um parágrafo cintilante. E todas essas minhas preocupações eram temores legítimos.

Exceto por uma coisa.

Deus *é* verdadeiramente poderoso.
Ele era poderoso dez anos atrás.
E continua sendo poderoso agora.

Para você. Para mim. Não importa o que as circunstâncias atuais de nossa vida acarretam. Quer sejam cheias de gente, quer solitárias. Quer estejam infligindo dor, quer exigindo paciência. Quer sejam impossivelmente febris, quer hipnoticamente simples. Quer você esteja sendo puxado em mil direções, quer amarrado a um emprego ou ministério que parece abaixo das suas capacidades. Quer você esteja sofrendo uma perda profunda demais para expressar, quer esteja perseguindo um sonho ousado demais para explicar. Deus ainda está aqui, e Deus ainda é poderoso.

Confie em mim, passei cada palavra do livro original pelo moedor de carne de minha realidade atual, examinando-a à luz do que minha família e eu vivenciamos na última década — grande parte disso irei compartilhar com você. Acrescentei e reelaborei algumas das histórias de vida real para atualizá-las. Mas eis o que descobri depois de minha primeira releitura completa deste título antigo e familiar, algo que fez com que me sentisse mais do que animada e foi o que tentei capturar para você, para nós, nesta edição de aniversário.

Não precisei ir *além* do que havia escrito, como se minha vida real o houvesse superado; só precisei *retomar o contato* com o que escrevera, porque poderia ter me esquecido.

Dizer e acreditar que "Deus é poderoso" não é uma cortina de fumaça espiritual para nos impedir de lidar com a dura realidade da vida. É, ao contrário, a verdade fundamental que nos dá a esperança e força de que necessitamos para encarar a realidade.

As perdas e infortúnios com que me deparei na última década me forçaram a crescer. E às vezes, durante o processo, me perguntei se algumas das coisas que dizemos e pensamos sobre nossa fé poderiam ser declarações exageradamente passionais. Mas não há nada de adulto em se conformar com uma visão de Deus mais segura, mais estoica, mais cética, e chamá-la de maturidade. Simplesmente não há. A Palavra e as promessas de Deus podem ser mais velhas do que o universo, mas ainda são vigorosas e estão vivas nesta manhã — em sua casa e na minha, quando estamos acordando preparados para quaisquer situações que surjam à nossa frente naquele dia, naquela semana ou durante o período intimidante que virá a seguir.

Então permita que eu lhe conte como me sinto hoje, enquanto coloco este livro revisado em suas mãos e me preparo para percorrê-lo junto com você. Estou convencida de que Deus nos ouve quando sofremos; estou convencida de que Deus nos responde quando oramos. Ele nos protege de tantas coisas — coisas de que nem imaginamos que precisamos proteção —, porque nos ama profundamente. E, sim, ele também nos conduz pelos caminhos do sofrimento e da opressão, colocando-nos em posições desconfortáveis que não gostaríamos de assumir, porque é nesses lugares — e, na verdade, em nenhum outro — que experimentamos aquilo de que este livro trata.

Fiz o melhor que pude para lhe dar algo que o inspire a assumir uma crença confiante nele. Espero que você saia totalmente seguro tanto da disposição quanto da capacidade de Deus de se envolver em sua vida de uma forma que renda a ele a máxima glória. Digo isso não porque a filha do pregador que há em mim me diz como deveria escrever. Digo isso porque, mesmo tendo sentido um arrepio de incerteza sobre o quanto eu poderia confiar nele, encontrei-o mais do que capaz e poderoso novamente.

Sim, dez anos depois, só acredito mais nele. E, mais do que tudo, quero lembrá-lo (de novo) de que...

Deus. É. Poderoso.

Priscilla Shirer
Dallas, Texas
Outono de 2023

Inicialmente

Conte-me

O que é?

Vamos, você pode me contar.

Sei que há algo específico que o trouxe até este livro ou que trouxe este livro até você.

Porque sempre há *algo* para todos.

Não importa quem você seja, se é idoso ou jovem, há sempre pelo menos uma coisa. Essa coisa em sua vida da qual você parece não conseguir escapar, nem consertar ou resolver. É simplesmente... é...

(Suspiro.)

Está sempre lá. Quando você acha que entendeu um pedacinho do *Problema* — como você poderia lidar melhor com ele, manejá-lo, contorná-lo ou adiantar-se a ele —, ele sempre parece acabar vencendo-o, mesmo que seja apenas para mantê-lo acordado a altas horas da noite.

Você tentou. (Ah, Senhor, como você tentou.) Você orou. Você pediu. Você suplicou. Você choramingou. Você avaliou. Você comeu melhor. Você se exercitou mais.

Você tentou ser mais gentil, depois mais firme. Mais ruidoso, depois mais silencioso. Mais assertivo, depois mais submisso. Você admitiu que havia errado e se recusou a se vangloriar quando estava certo. Você sente que fez tudo em que pôde pensar. E, sinceramente, você agora está começando a se perguntar, seriamente, se Deus pode fazer isso, se ele pode resolver o... *Problema*.

Você ainda gostaria de achar que ele pode. E sua familiar retórica religiosa faz parecer que você crê. Mas, lá no fundo — lá onde sua alma pulsa de dúvida e inquietude —, você se pergunta sobre essa situação, essa questão vital, esse dilema que você está enfrentando. Deus é poderoso para manter as estrelas no céu, a Terra inclinada em seu eixo e o céu pendurado em um glorioso arranjo. Mas ele é poderoso para resolver o *Problema*?

O que é? Tudo bem. Seja sincero. Diga o que é.

Creio que talvez facilite as coisas para você se eu começar, não é? Então vou começar. Porque, você sabe, eu mesma tenho alguns *Problemas*.

Surpreso? Não deveria.

Tome, segure minha bolsa enquanto desço de sei lá qual pedestal sobre o qual você possa ter me colocado, para que possamos conversar olhos nos olhos.

Sei como acontece: vemos um orador no palco, lemos as palavras de um autor ou seguimos alguém nas redes sociais e, de repente, achamos que essa pessoa está com tudo. Já fiz o mesmo. Muitas vezes catapultei meros humanos à posição de sobre-humanos e supus que eles não poderiam, de jeito nenhum, lutar com os mesmos problemas que o resto de nós enfrenta.

Mas, não, descobri que eles não são mais imunes às dificuldades da vida do que os demais. E eu também não sou. Como você, enfrentei meu quinhão de situações que foram extremamente difíceis ou me pegaram tão desprevenida que escavaram uma base profunda na qual a dúvida pôde se instalar. E, apesar disso, Deus me ama demais — assim como ama você — para deixar que me afaste delas. Porque, se você e eu não nos virarmos para encarar esses problemas, jamais conseguiremos encará-lo.

Então, sim, vou começar:

* *Vinte e cinco* anos atrás, eu não acreditava que ele pudesse curar meu coração partido.
* *Vinte e dois* anos atrás, eu não estava certa de que ele seria capaz de salvar meu casamento.
* *Vinte* anos atrás, perguntei-me se ele seria capaz de me deixar engravidar em segurança.
* *Quinze* anos atrás, tive dificuldade em acreditar que ele pudesse estabilizar o medo e a ansiedade paralisantes do meu filho.
* *Quatorze* anos atrás, eu tinha apenas um fio de esperança de que ele pudesse salvar uma amizade preciosa.
* *Dez* anos atrás, eu não via como ele poderia ser capaz de nos sustentar financeiramente.
* *Cinco* anos atrás, depois que havíamos empacotado nossos pertences para nos mudar, quando o vendedor voltou atrás no último minuto, perguntei-me se conseguiríamos encontrar outro lugar para morar.

* *Três* anos atrás, depois de perder oito membros da família em uma rápida sucessão, perguntei-me se ele poderia reacender minha criatividade e paixão em meio à depressão de pesar e tristeza.
* *Dois* anos atrás, depois de ouvir meu médico dizer as palavras terríveis "câncer de pulmão" como diagnóstico, perguntei-me se Deus poderia salvar minha vida.

E, veja, isso apenas nos últimos vinte e cinco anos. Vou poupá-lo da história de toda a minha vida na esperança de que você não me risque de sua lista de leitura.

(Tudo bem, pode devolver minha bolsa.)

A verdade é que nunca tive muita dificuldade em crer no poder de Deus quando se tratava de teoria, quando toda a ação que minha fé exigia de mim era dizer "Amém" durante um sermão. Enquanto se tratava do problema de outra pessoa, eu acreditava na capacidade extraordinária de Deus com o maior prazer.

Lembro-me bem do bom "culto de testemunho" da velha guarda na igreja de minha infância, onde as pessoas andavam até a frente da igreja para testemunhar a obra de Deus em sua vida. Sem dúvida uma das senhoras da igreja estaria usando um chapéu enfeitado (com uma pluma ou alguma outra decoração pendurada) ao ficar diante da congregação e tomar o microfone para relatar todas as coisas que Deus andava aprontando — tudo, desde o aviso de execução hipotecária de sua casa, até a ordem de reintegração de posse de seu carro, o marido infiel, o filho rebelde sendo sobrenaturalmente transformado pelo poder miraculoso de Deus. Quando crianças, meus irmãos e eu nos sentávamos nos bancos durante essa parte comovente do culto, escutando a voz da senhora ficar mais intensa e mais forte a cada nova revelação. Aquela pluma no topo do chapéu de veludo dançava uma pequena jiga, que sempre chamava nossa atenção. Tentávamos escutar — garanto que tentávamos —, mas às vezes não conseguíamos evitar cutucar um ao outro e rir. Esperávamos que aquele chapéu, ou ao menos a pluma balouçante sobre ele, saísse voando da cabeça dela na fileira da frente, só para que tudo ficasse mais empolgante. Mamãe, contudo, não gostava de nada disso. Dizia-nos para ficarmos quietos e nos sentarmos eretos. E que escutássemos. Obedecíamos. Então aplaudíamos com o restante da congregação em celebração não só do que Deus podia fazer, mas do que estava realmente fazendo.

Sim, a fé parecia mais fácil naquela época.

Agora é diferente. Agora, quando estou diante de *meus* dilemas, tentando manter o chapéu da sanidade em *minha* cabeça, a capacidade de Deus nem sempre parece algo seguro. Quando é *minha* mãe que está morrendo de uma doença terminal, quando é a situação de *minha* moradia que é incerta, quando é um de *meus* filhos que está lidando com uma série de circunstâncias injustas, não estou sempre tão pronta a confiar. Às vezes uma semente de dúvida me surpreende enraizando-se e frequentemente brotando em uma floresta inteira de perguntas sobre a capacidade e/ou disposição de Deus de cuidar dessas coisas.

Acho que você, de algum modo, se identifica com esse relato.

Em meio a esses vários desafios e dificuldades que se acumulam para ameaçar minha sensação de segurança, estabilidade e equilíbrio, aprendi uma ou duas verdades importantes que remoldaram minha perspectiva sobre a vida e a fé. Em primeiro lugar, *sou incapaz de resolver tudo*. Na verdade, se alguma vez eu pensar o contrário, se tentar controlar todas as variáveis sozinha, permanecerei em um estado crônico de frustração e desânimo.

Mas aprendi também algo mais — algo que mudou toda a minha vida.

Deus é poderoso para resolver qualquer coisa.

Repetidas vezes ele me provou claramente que não é detido por aquilo que nos detêm. Ele me surpreendeu com sua capacidade e tendência de fazer o impensável, tanto em minha vida quanto na vida daqueles que são ligados a mim. Tão certo quanto ele me testou, ele também me deu testemunho. E eu estaria escamoteando a verdade se não contasse a parte dele da história nas mesmas cores grandiosas e arrojadas.

Por exemplo...

———

Jordan Smiley, um menino de nove anos em minha igreja, recebeu o diagnóstico de tumor cerebral, o que nos deixou perplexos. Nove anos. Os médicos disseram que, se o câncer não lhe arrebatasse a vida, era quase

INICIALMENTE

certo que as cirurgias necessárias afetariam sua memória e alterariam severamente sua personalidade.

Diante desse tipo de cenário desesperador, desalentador, paramos tudo o que estávamos fazendo e oramos. E Deus escutou (como sempre faz) e atendeu — clara, milagrosa e poderosamente.

Pois, apesar do que as estatísticas previam, Jordan não entrou em estado vegetativo, não perdeu a capacidade de comunicação nem se tornou invisível ou digno de pena por sua situação. Ao contrário, viveu mais dezesseis anos com saúde, tornando-se um adolescente normal, um jovem normal, tendo sucesso no ensino médio e na Universidade A&M do Texas, crescendo diante de nossos olhos como uma testemunha viva da grande capacidade de Deus, surpreendendo todos nós ao longo do tempo. Mesmo ao morrer, deixou atrás de si histórias incríveis para celebrarmos, momentos em que a resposta de Deus à oração era a única explicação lógica para como ele havia continuado a superar as dificuldades, obter sucesso e impressionar.

Deus pôde fazê-lo? Sim, ele pôde. Ele o provou. Nós o vimos.

Deus é poderoso.

———

Depois de vinte e cinco anos, o marido de minha amiga decidiu deixá-la, simplesmente escapando para um estilo de vida que lhe parecia mais atraente do que o monótono ritmo diário do matrimônio. Então ela orou.

Durante cinco anos inteiros! E não se permitiu duvidar de que Deus iria atendê-la, vendo que outros crentes pareciam estar duvidando suficientemente por ela.

Mas Deus nos corrigiu em uma bela manhã de domingo, quando nosso pastor chamou aquele marido para a frente no meio do culto e ficou diante dele no altar. Não conseguíamos acreditar. Nenhum de nós o vira em anos. E, no entanto, lá estava ele, todo elegante de terno e gravata.

De repente as portas de trás do santuário se abriram. O pianista tocou uma versão comovente da marcha nupcial. E então ela entrou — a noiva —, a mesma noiva que havia atravessado a nave lateral para encontrar aquele mesmo homem trinta anos atrás. Seus filhos e netos desempenharam os papéis de damas de honra e padrinhos, postando-se junto a eles enquanto o casal reconciliado permanecia de mãos dadas no altar.

E quando eles disseram "Sim", *assim foi feito.*

A manhã de domingo mais memorável que eu já vira.

Em determinado ponto de minha vida, eu estava lutando tão desesperadamente contra o medo e a insegurança que achei que estava perdendo a cabeça e prestes a perder meu ministério. Oportunidades de falar e compartilhar não faltavam, mas, por alguma razão, eu me sentia completamente paralisada, imobilizada, desanimada por uma sensação sufocante de temor e ansiedade. Essa sensação se agarrava a mim com mais força do que uma criança pequena à barra da saia da mãe. Isso não é nada bom para uma professora da Bíblia.

E não é que o medo despontava só aqui e ali, ou só de vez em quando. Todos os dias, em todos os momentos, não importa onde eu estivesse ou o que estivesse fazendo, era atormentada por essa sensação urgente de pânico que me levava a querer correr, fugir, sair dali. Ficava acordada a noite toda, depois ficava deprimida o dia todo, lutando contra as lágrimas, as palmas suadas e o coração disparado. Pela primeira vez em um longo tempo, questionei seriamente meu chamado e minhas capacidades. Você provavelmente não acreditaria em quão perto cheguei de largar tudo — o que fosse necessário para fazer com que aquela sensação horrível fosse embora.

Mas Deus não quis me deixar. Em diversas ocasiões ao longo de dois meses, ele deu a alguns de meus amigos visão e discernimento bastante específicos a meu respeito e sobre minha situação. Era como se eles tivessem escondido microfones em minha casa e estivessem escutando cada oração que eu fazia. Sabiam tanto sobre o que eu estava enfrentando, e em detalhes tão misteriosamente exatos, que não havia muito mais que eu pudesse fazer além de escutar quando eles se aproximaram e começaram a falar. Deus incendiou suas línguas com palavras celestiais que falaram direto ao meu coração. Suas vozes, seus pensamentos.

E, então, eles oraram. Puxa, como eles oraram! Não aquelas orações requentadas, de repetições mecânicas, restos que sobraram do dia anterior. Era o tipo de oração que se sente penetrar na alma, como se cada palavra adentrasse as profundezas espirituais das quais o inimigo tentara se apoderar. Eram orações em chamas. Eu saía de cada encontro deixando um rastro de fumaça subindo atrás de mim. Em nome de Jesus, aqueles amigos me ordenaram que saísse de meu medo e que o espírito do medo saísse de mim.

E posso dizer, com toda a certeza, que ele saiu. Não teve escolha.

Não estou dizendo que ainda não tenha que trabalhar duro para me manter sob controle. Na verdade, estou vigilante contra esse problema neste exato instante, expulsando seus dedos arrepiantes de meu teclado enquanto lhe escrevo. Mas de jeito nenhum essa coisa vai se apoderar de meu coração outra vez, porque, tão certo quanto o fato de que estou sentada aqui, *sei* que senti o espírito do medo me abandonar e sair correndo para se salvar, com os sussurros daquelas orações em sua perseguição.

Fui curada. Totalmente. Libertada.

Assim foi feito.

Jerry e eu estávamos procurando um lugar para chamar de lar para nossa família e nosso ministério, tudo no mesmo local. Procuramos, mas não estávamos encontrando o que precisávamos ou que pudéssemos pagar. Oramos muito e intensamente sobre isso também, e começamos a sentir uma atração para uma região específica da cidade. Poderíamos ter aceitado uma opção viável em outro bairro a uns três ou quatro quilômetros de distância, mas, por alguma razão, eu sentia que deveríamos estar *aqui*, embora eu não conseguisse ver como isso poderia acontecer.

Até certo dia.

Quando simplesmente aconteceu.

Eu estava passando de carro por uma casa em frente à qual passava sempre há três anos (inclusive no dia anterior) quando avistei a placa no jardim. Essa placa não poderia ter estado lá há mais de dez ou doze horas! Em minha mente, vi nosso nome rabiscado sobre ela em letras rosa brilhantes. Onde estava escrito "Vende-se", eu estava quase certa de que estava escrito também "Para os Shirers".

Os que vendiam queriam sair, e nós queríamos entrar.

Eu estava tão feliz, entusiasmada e contente! No entanto, havia razões por que, por mais perfeita que parecesse, não fosse exatamente adequada para nós. Ainda não havia espaço suficiente para o funcionamento de nosso ministério. Depois que compramos o local, fomos forçados a montar o escritório em uma sala pequena e deixar nossos empregados trabalharem remotamente em casa até conseguirmos encontrar uma solução viável.

Não sabíamos, no entanto, que nossa nova propriedade estava ligada a outro terreno que já continha um espaço para um escritório, ou que dois anos depois o proprietário nos ofereceria o terreno e a casa por menos da metade do valor pelo qual ele estava tentando vendê-la originalmente.

Menos do que a metade!

Não estou inventando isso. Foi *exatamente* assim que aconteceu. *Assim foi feito.* Instantaneamente. Inexplicavelmente. Incrivelmente. Não porque somos muito espertos ou porque planejamos isso estrategicamente, mas simplesmente foi assim.

Porque Deus é poderoso.

———

Quando nossos três filhos eram mais novos, decidimos ensiná-los em casa por uma temporada, para que eles pudessem nos acompanhar a quase todos os lugares onde o ministério nos desse a oportunidade de ir. Nós os levamos a lugares como Austrália, Londres, Cidade do Cabo e tantas cidades dos Estados Unidos que seria difícil nomear. Que privilégio. Mas, puxa, que caro! Queríamos que eles conhecessem novos lugares, desenvolvessem a vontade de servir ao povo de Deus e catalogassem essas experiências inesquecíveis junto conosco, enquanto família. Mas também precisávamos ter dinheiro para comprar comida.

Várias vezes, quando olhávamos para os preços das coisas e os comparávamos ao nosso orçamento, não víamos como poderíamos pagar ou justificar o gasto. Nossa única opção, na verdade, era começar a recusar convites e restringir as viagens para que nossa família pudesse permanecer junta, já que sacrificar nossa prioridade como pais estava fora de questão. E, no entanto, um chamado constante, ardente e divino continuava crescendo em nosso coração. Sabíamos que o Senhor estava nos convocando a ir. *E* a ficar. Não sabíamos ao certo o que fazer ou como ir em frente.

Deus entra em cena.

Em determinada conferência, um estrangeiro — preste atenção agora —, um homem de Singapura que nunca havíamos visto na vida (e nunca mais vimos depois), aproximou-se para dizer "oi" e cumprimentar-nos. Indagou se estávamos trabalhando em nossa igreja ou se estávamos apenas em um ministério itinerante. Nós lhe dissemos que éramos membros ativos de nossa igreja local, mas não estávamos em sua folha de pagamentos. Essa foi toda a conversa. *Prazer em conhecê-lo também, senhor.*

Entretanto, antes que a noite terminasse, esse mesmo homem nos entregou um cheque com um valor suficiente para transportar todos os cinco Shirers em uma meia volta ao mundo e de volta.

Meu queixo caiu. O de Jerry também (e, acredite em mim, o queixo dele não costuma cair com muita frequência).

Mais uma vez, *assim foi feito*. Decidido. Resolvido. Milagre. Não tenho palavras para lhe dizer como esse momento mudou nossa perspectiva durante o restante dos anos de criação de nossos filhos. A partir desse momento, tornamo-nos convictos de que, onde quer que Deus nos chamasse a ir, ele nos forneceria os meios para nos levar.

Porque ele, nosso amoroso Pai, é poderoso.

―――

Meu filho mais velho, Jackson, iniciou o último ano no ensino médio no outono de 2020. A pandemia da covid-19 continuava sendo um problema que mudara a cultura, pois grande parte do comércio e das escolas mal estava funcionando.

Como atleta dos últimos anos escolares, Jackson passara todo o ensino médio na expectativa dessa temporada de futebol americano. Mas, por causa dos protocolos e incertezas, o cronograma de seu time havia sido reduzido a apenas uns poucos jogos. Os treinos foram limitados pelas exigências de distanciamento social, e as aulas passaram a ser virtuais. Mais do que isso: os acampamentos de verão para os quais ele esperara ser convidado — encontros em que os profissionais do futebol americano se reúnem para ver e avaliar contratações em potencial — haviam todos sido cancelados.

Para complicar ainda mais o problema, os atletas universitários cujas carreiras haviam sido encurtadas pela covid estavam recebendo autorização para conservar a elegibilidade por mais um ano. Era uma regra que fazia sentido, claro. Parecia bastante justo. Mas também significava que uma quantidade de bolsas normalmente disponíveis para os calouros estava agora sendo redirecionada para os jogadores atuais, uma alteração que reduzia significativamente as possibilidades para os jovens que acabavam de se formar no ensino médio.

Como nosso Jackson.

Então lá estava ele, em casa, esperando que o telefone tocasse, esperando pelas ligações que lhe haviam dito que viriam. Em qualquer outro ano, as pessoas que

INICIALMENTE

lhe diziam para esperar diversas ofertas estariam certas. Mas, *naquele* ano, com o cenário dos atletas universitários tendo mudado tanto, não importava que ele houvesse se tornado um craque nem conservado notas altas. Meu filho foi deixado com somente uma oportunidade tangível de manter seu sonho vivo: uma oferta decepcionante para assinar com uma pequena faculdade não muito longe de casa. Era triste vê-lo tão desanimado.

Jackson refletiu sobre essa única opção durante a primavera, ainda esperando que outra possibilidade pudesse se apresentar. Mas nada surgiu. Nada. A decisão parecia ter sido tomada por ele.

Na noite antes de ele aceitar formalmente o convite, demos as mãos ao nosso meninão e oramos juntos, em pé na cozinha. Foi uma oração rápida. Nada dramático. Só pedimos a Deus que fizesse algo — *qualquer coisa* — que desse a Jackson algum tipo de clareza e confiança antes que ele precisasse dar sua resposta final na tarde seguinte.

Fomos dormir.

Acordamos com uma chamada telefônica.

A chamada vinha do treinador principal da Liberty University, uma universidade alojada nos contrafortes das montanhas Blue Ridge, em Virginia, cujo programa atlético está na elite do futebol americano universitário. O treinador havia visto o filme contendo imagens de Jackson em campo alguns meses antes e se lembrado dele no dia anterior — o mesmo dia em que havíamos pedido ajuda a Deus. O técnico estava ligando para oferecer a Jackson a oportunidade de se juntar ao time da Liberty no outono.

As esperanças de Jackson cresceram, e meus joelhos se dobraram. Dobraram-se agradecendo a Deus. Falei a meu filho então, e tenho-o lembrado desde esse dia: *Deus é poderoso*.

Essa experiência marcou a vida espiritual de Jackson, construindo seu testemunho e fortificando sua fé, não só por causa da ligação telefônica em si, mas por causa do *momento* em que ela aconteceu. Ele teve certeza de que Deus havia escutado nossa oração, que Deus não havia se esquecido dele, que Deus se importa com ele. Foi nesse dia que Deus tornou inequivocamente claro para nosso filho mais velho que...

Ele é poderoso!

Eu poderia prosseguir relatando histórias incríveis sobre como Deus mudou nossas condições, sobre como ele me mudou. E, sendo clara, eu também poderia lhe dar uma lista igualmente longa de vezes em que ele *não* me atendeu exatamente como eu havia pedido ou no momento em que eu teria preferido. Às vezes fiquei me sentindo decepcionada, confusa e insegura — como quando ele não escolheu curar o câncer de minha mãe, ou trazer o marido rebelde de minha melhor amiga de volta à razão e à família, ou deixar que uma parenta próxima concebesse a criança pela qual tanto esperava.

Só porque Deus *pode*, não quer dizer que *irá* fazê-lo. Devemos deixar essas escolhas para sua soberania. Mas, mesmo então, mesmo nessas decepções, estou descobrindo que ele ainda é poderoso — poderoso para nos sustentar e apoiar. Poderoso para nos devolver a alegria e nos inspirar com uma paz que vai além de nosso entendimento. Ainda além disso, ele é poderoso a ponto de criar um efeito de reverberação da bênção que se estende amplamente em resultado desses acontecimentos que inicialmente nos desapontam.

Oh, sim, *Deus é poderoso*. E porque ele é poderoso, e porque ele é amor, nosso coração pode estar totalmente seguro em todas as situações, não importa quão desesperada, crônica ou urgente esta seja.

Então, quando você começar a fazer a lista dos problemas que podem tê-lo trazido a este livro, não quero que limite o âmbito de opções ao óbvio e externo: desemprego, problemas no casamento, filhos rebeldes, resultados de exames médicos, vícios compulsivos, falência iminente. Às vezes os maiores milagres divinos não chegam na forma de dinheiro e raios-X limpos, mas em atitudes transformadas e uma riqueza de paz inexplicável. Às vezes as melhores obras de Deus não são o que ele faz *para* nós, mas o que ele faz *dentro de* nós. E, creia em mim, isso não é um prêmio de consolação.

* Como quando ele faz uma perspectiva mudar.
* Ou realimenta uma paixão perdida.
* Ou muda o foco de uma prioridade ignorada, fora de lugar.
* Ou renova um espírito ensombrecido pela depressão.

* Ou abranda um coração que ficou gelado e inflexível.
* Ou expõe e transforma uma linha de pensamento impura, insolente.
* Ou arranca uma semente de amargura.
* Ou quebra as correntes do vício.

Talvez não seja tão espetacular e esplendoroso quanto um comprador de imóveis que aparece à sua porta no último minuto, ou um casal na igreja entregando-lhe as chaves de um carro que decidiu lhe dar em vez de negociá-lo. Mas são algumas das obras mais incríveis que ele faz. E, por todas as tentativas que fizemos de mudar nosso coração ao longo dos anos, deveríamos saber quão milagroso isso realmente é! Se fosse tão fácil vencer nossa tendência à teimosia, ou acalmar nosso temperamento, ou arrancar aquele gene da preocupação — se *nós* é que fôssemos capazes —, com certeza teríamos resolvido tudo por nós mesmos muito tempo atrás.

Quando Deus o surpreende mudando as ideias de seu marido, reorientando os rumos de seu filho, abrandando o coração de seu patrão ou apenas dando ao seu olhar desanimado um brilho, pode ter certeza de que ele está preparando algo incrível, inconcebível, quase impossível.

Isso acontece porque Deus é poderoso.

Na verdade, estou cada vez mais convencida de que, quando ele escolhe realizar milagres físicos em nossa vida — quando ele faz o que consideramos sobrenatural e extraordinário —, sua principal intenção mesmo então não é confundir nossa mente, mas fazer com que nosso coração se torne mais inclinado em sua direção e mais alinhado com o dele. Ele quer que confiemos nele, acreditemos nele e contemos com ele, até que nosso principal objetivo não seja que ele atenda nossa oração exatamente da forma como oramos, mas que o conheçamos mais plena e intimamente.

E quando essa mudança acontece...

Está feito.

Quero dizer, feito *de verdade*.

Tipo "de uma vez por todas".

Então agora o palco é seu. Você é meu coautor aqui. Conte-me o que o trouxe até este livro. Abra-se completamente, aqui, neste início. Escreva aqui embaixo, se preferir. Então, quando estiver pronto a virar a página, vamos até lá.

Até o seu *Problema*.

1

Tempo

"Agora..."

Algumas coisas são difíceis de descrever. Você procura a palavra adequada na mente, mas não consegue encontrar.

Tentar, por exemplo, explicar a visão de um céu cheio de nuvens da janela de um avião a onze mil metros de altura. Ou um culto de adoração maravilhoso em que a presença de Deus se mostrou especialmente próxima e tangível. Ou um pôr do sol de outono ao fim de um dia tranquilo de férias, ressaltando os galhos nus das árvores com tons rosas e violetas intensos. Ou as unhas pequenas e delicadas do seu bebê recém-nascido que você segura perto o bastante para beijá-las.

Às vezes até nosso vernáculo mais espetacular parece insuficiente para comunicar o que realmente desejamos compartilhar.

Talvez nenhum dos livros do apóstolo Paulo no Novo Testamento nos dê um exemplo melhor desse sentimento do que a Carta aos Efésios — que alguns estudiosos consideram o ápice de todos os seus textos. Volte e leia o livro todo do início ao fim para si mesmo. Em cada capítulo você encontrará um autor que, sob a inspiração sagrada do Espírito Santo, busca e captura as palavras certas para retratar a grandeza e magnificência de Deus, a vasta abrangência de seus atos assombrosos, a imensidão de seu amor e a riqueza de nosso legado em Cristo.

Na primeira metade do livro — os primeiros três capítulos, um pouco mais de sessenta versículos —, ele nos leva às *regiões celestiais* que vão muito *acima de todo principado, potestade, poder, domínio*. Volta no tempo até *antes da fundação do mundo*, depois nos lança para a frente a um futuro tão rico de propósito eterno que se completa com uma *herança* reservada em nosso nome e a sujeição de *todas as coisas debaixo dos pés de Cristo*.

Esse apóstolo, que encontrara Jesus sob uma luz brilhante e cegante em sua jornada a Damasco (At 9.3-5), desperta a nós, que estávamos mortos em nossos pecados — *estrangeiros, diferentes, excluídos, forasteiros* — e nos dá *vida juntamente com Cristo*, pois Deus *derramou abundantemente sobre nós* sua graça *segundo o propósito de sua vontade*. Ele nos conta de um amor divino que não apenas abrange *a largura, o comprimento, a altura e a profundidade* de nossa mais espantosa imaginação como, na verdade, nos torna possível ficar *cheios de toda a plenitude de Deus* — aqui mesmo neste nosso cansado corpo.

É uma linguagem extravagante para descrever o poder e amor extravagantes de Deus.

Então ele elabora algumas orações extravagantes para seus leitores — para nós —, orando para que nosso coração seja totalmente iluminado; que, de algum modo, se apodere das riquezas da misericórdia de Deus e da grande esperança de seu chamado; que vejamos tudo o que foi tornado disponível para nós em Cristo, tudo a que recebemos acesso para vivenciar.

Mas isso é só o aquecimento.

Porque, bem ali, no meio desse espantoso relato da glória e graça de Deus, Paulo nos golpeia com uma frase tão poderosa que é quase demais para suportar: capítulo 3, versículos 20 e 21.

> Agora, a ele que é poderoso para fazer infinitamente além de tudo o que pedimos ou pensamos, conforme o seu poder que opera em nós, a ele seja a glória, na igreja e em Cristo Jesus, por todas as gerações, para todo o sempre. Amém!*

Esses dois versículos são uma *doxologia*. Uma sublime declaração de louvor a Deus. Uma efusão em homenagem a Deus. Um tipo de explosão veemente de adoração que acrescenta um ponto de exclamação (ou dois, ou três) ao final de todas essas ideias estonteantes que Paulo vinha compartilhando na primeira parte do livro.

É um *crescendo*.

Bater de pratos.

---

*A citação de Efésios 3.20-21 foi traduzida diretamente da versão em inglês usada pela autora, a New American Standard Bible (NASB). Ao longo do livro, a autora divide essa citação em vários pedaços e retoma-os para debater temas relacionados a eles. Considerando o significado dado pela autora a cada um desses pedaços, nenhuma das versões tradicionais de que dispomos em português se adequava perfeitamente ao texto original. Para fazer essa tradução, baseei-me na versão da Nova Almeida Atualizada, que foi usada também em todas as citações bíblicas, salvo indicação específica (N. da T.).

O grande momento.

A cereja no bolo.

Há apenas um pequeno número dessas doxologias em toda a Bíblia. E, sinceramente, se você quisesse fechar este livro exatamente aqui nesta página e simplesmente se deleitar com as palavras colossais, consoladoras, fortalecedoras da confiança dessa gloriosa declaração, você provavelmente se sentiria fortemente estimulado pelo restante da semana. Uma vez que tenha lido esses dois versículos, a única coisa que resta fazer é adorar e ir para casa.

Leia mais uma vez caso tenha lido rápido demais antes. Pronuncie devagar, decididamente. Deixe que as palavras falem diretamente a você e ao seu *Problema*.

Sorva-as. Saboreie-as. Creia nelas.

> Agora, a ele que é poderoso para fazer infinitamente além de tudo o que pedimos ou pensamos, conforme o seu poder que opera em nós, a ele seja a glória, na igreja e em Cristo Jesus, por todas as gerações, para todo o sempre. Amém!

Agora veja como ela ganha vida em diferentes versões e traduções da Bíblia.

* Na Almeida Revista e Atualizada: ... *àquele que é poderoso para fazer infinitamente mais do que tudo quanto pedimos ou pensamos*
* Na Nova Tradução na Linguagem de Hoje: ... *muito mais*
* Na Nova Versão Transformadora: ... *infinitamente mais*

* Em A Mensagem: ... *Vocês sabem muito bem que Deus pode fazer qualquer coisa, muito mais do que poderiam imaginar ou pedir nos seus sonhos!*

É indescritível em qualquer versão.

E a este Deus seja a "glória [...] para todo o sempre". Amém? Sim, amém. Qualquer que seja a perspectiva que você adote, em qualquer versão ou tradução em que leia ou escute, o âmago permanece o mesmo: *nosso Deus é poderoso.*

E se não acreditávamos nisso depois de ler a primeira metade de Efésios, sem dúvida acreditaremos quando chegarmos a esses versículos finais impressionantes. Porque, quando começamos a ver o que quer que esteja nos preocupando diante do pano de fundo desse Deus cujos planos e propósitos vêm sendo realizados há uma eternidade, cuja autoridade ultrapassa toda estrutura de poder conhecida das pessoas ou mesmo de todo o submundo espiritual, cujas promessas são tão imutáveis quanto o caráter de Deus... bem, nosso *Problema* de repente não parece mais tão assustador.

Por quê? Porque "vocês sabem muito bem que Deus pode fazer qualquer coisa".

Sem dúvida ele pode.

Deus é poderoso.

Missão impossível

Certa noite, estávamos comendo pizza juntos em família. E, por motivos conhecidos apenas pela mente misteriosa de um menino, meu filho mais novo agarrou sua fatia grande demais de pizza de calabresa pela borda de crosta pastosa e a ergueu verticalmente da caixa. Sobre seu colo. Só porque era divertido, imagino. Qualquer que tenha sido seu raciocínio, levou apenas uma fração de segundo para toda aquela cobertura quente e derretida deslizar e cair da crosta grudenta e aterrissar, com um ruidoso *plop*, em cima do colo dele. Ha, ha.

Ele riu. Eu não.

Não porque tenha ficado zangada com ele (bem, fiquei um pouco zangada), mas principalmente porque me vi estranhamente hipnotizada por aquela fatia de pizza virada com o topo para baixo, suspensa ali no ar diante do rosto sorridente dele. Tão claro quanto um dia ensolarado, vi de repente como essa imagem de "pegue a toalha de papel" da mesa de jantar dos Shirer iria me ajudar a esclarecer um ponto que eu precisava corrigir aqui neste primeiro capítulo.

Estou falando sério.

Enquanto nos preparamos para começar a escavar até o âmago desses dois versículos, gostaria que você pensasse neles como um triângulo invertido — com a ponta menor embaixo e o resto em cima, no ar. Estreito na base, grande no topo. Exatamente como uma fatia de pizza invertida. Entendeu? É assim que a doxologia de Paulo está organizada — uma pequena camada é a base para a próxima maior.

Tenho certeza de que, enquanto prosseguimos e você segura esses versículos para olhar para eles dessa forma, uma quantidade de bondade divina vai deslizar e cair no seu colo. Mas tudo bem — porque essa é exatamente a cor que fica bem em você.

Então... pegou seu pedaço de pizza? Vê aquela ponta lá embaixo? Ali onde você vai dar a primeira mordida? Vamos começar ali e grudar a primeira parte do versículo sobre aquele cantinho pontudo. Só a primeira palavra do versículo por enquanto, e então veremos a coisa toda ficar maior e mais desenvolvida enquanto cresce. Uma mordida de cada vez. Uma camada em cima da outra.

Agora.

Agora é uma ideia que se ajusta bem à ponta dessa fatia de pizza invertida — a primeira palavra em toda a doxologia: a palavra *agora*.

Tire tudo da cabeça exceto *agora*.

Entendo que as condições atuais em sua vida possam não ser o tema favorito para você refletir *agora*. Talvez você tenha se tornado mais competente em se concentrar no *antes*, em momentos anteriores, antes que algumas dessas partes de sua vida começassem a adquirir esse aspecto. Ou em *depois*, distraindo-se com as possibilidades do futuro. Você pode ter se acostumado a olhar em outra direção, passando a vida em devaneios, oprimido demais até para tentar encontrar soluções para a sua realidade presente.

Ou talvez não haja nenhum grande problema cabeludo que o esteja atormentando atualmente. Talvez seja apenas o estresse e a tensão acumulados de uma longa temporada de lutas constantes.

Ou talvez você não se sinta oprimido de forma alguma. Talvez na verdade se sinta desiludido — entediado com a mesmice e banalidade de uma vida que você pensou que estaria recheada de muito mais aventura. A previsibilidade, a falta de objetivo. Você deseja encarecidamente uma mudança, ou ao menos um pouco de animação pelo caminho. Talvez suas contribuições estejam sendo ignoradas no trabalho ou na igreja, e você anseie pela oportunidade de usar seus melhores talentos, mostrar o que pode fazer, envolver-se no tipo de atividade que você acha que foi enviado a este mundo para realizar.

Independentemente de sua realidade atual e das circunstâncias que a descrevem, há um momento de começar a conectar tudo isso com a capacidade infinita e indescritível de Deus. E esse momento, meu amigo manchado de pizza... é agora.

Olhe para o relógio. *Agora.*

Verifique a data no calendário. *Agora.*

Onde você está? *Exatamente agora.*

Paulo usou esse pequeno advérbio como um conector entre aquele imenso oceano azul de vocabulário que ele estava despejando durante três capítulos e o dínamo fortemente comprimido dessa doxologia de apenas um linha. *Agora* é o elo entre o impossível e o possível. O ingovernável e divinamente factível. À luz de tudo o mais que Deus já realizou — toda uma eternidade em termos de conhecimento e planejamento, de probabilidades insuperáveis e vitória final —, eis o momento pelo qual todos estávamos esperando.

Agora.

Como seu *agora* se parece?

E qual é o *Problema* com que ele está compartilhando espaço?

Será que ele está empilhado junto às contas que você não sabe como vai pagar? Está acumulado junto com as dúvidas sobre se seu casamento irá sobreviver até o próximo aniversário? Está poluído por um pecado ou hábito específico que você odeia absolutamente em si mesmo, mas do qual não está conseguindo se livrar? Ou será que é apenas uma temporada marcada pelo ritmo monótono de mais normalidade do que você gostaria?

Será que o *agora* o fere com uma dor apunhalante no flanco todas as vezes que você se move de um certo jeito? Será que ele lota sua agenda de tal forma que você raramente encontra tempo para descansar e se recuperar? Será que ele contém uma pessoa que o interpreta de forma tão absolutamente errada que nada do que você diz ou faz parece poder fazer com que ela mude de ideia e veja a verdade?

O que quer que seja, é neste momento que a Palavra de Deus opera. *Agora*. No tempo e espaço reais. Exatamente no meio da sua realidade.

De algum modo nos acostumamos a desconectar as duas — desconectar nossa realidade atual e a capacidade atual de Deus. De algum modo ignoramos a proximidade de Deus quando estamos presos na cadência da vida, dançando ao ritmo de nossos problemas pessoais. Ficamos cansados, zangados ou esgotados demais para nos lembrarmos de que Deus pode atuar e está atuando em nosso benefício justamente *agora*. Achamos que é só para o pastor. Ou para aquela senhora na igreja e seu chapéu esvoaçante. Sabe como é, pessoas assim.

Não nós.

Não isso.

Não agora.

Pessoas comuns como nós ainda estão esperando que nossa mudança aconteça.

Paulo queria construir uma ponte sobre esse abismo, dar fim à ansiedade da separação que faz com que nos sintamos desanimados e esmagados, não vistos e abandonados. Então, propositalmente, estrategicamente, intencionalmente, ele usou uma palavra cujo propósito na língua grega era ligar o que ele havia dito anteriormente em Efésios 2 e 3 com o que ele iria falar nos versículos em que você e eu estamos nos concentrando. Assim, se voltarmos um pouco na passagem e no tempo, talvez possamos obter uma visão mais detalhada do que Paulo estava planejando.

No primeiro século, nosso "livro" de Efésios era apenas uma carta em um pedaço de pergaminho manchado circulando pela rica cidade comercial de Éfeso na Grécia antiga. Os crentes lá liam ou escutavam alguém ler esse pergaminho, então o passavam adiante a outros, talvez mesmo a igrejas em cidades vizinhas. E, embora a data de sua escrita original remontasse ao primeiro século d.C., as pessoas que tiveram contato primeiro com ele tinham suas próprias circunstâncias de *agora* a enfrentar. E Paulo se dedicou a descrevê-las para elas com clareza, pedindo a elas que fizessem algo, que cressem em algo, que apoiassem algo que a maioria das pessoas considerava impossível.

Sim, *impossível*.

Paulo lhes contou que judeus e gentios, velhos inimigos em todos os aspectos concebíveis do termo, não estavam mais em planetas culturais opostos. Em virtude do evangelho — a paz e reconciliação com Deus que eles haviam recebidos por meio do sacrifício do Messias —, eles haviam se tornado uma terceira raça de pessoas conhecidas como o "corpo de Cristo". E sua unidade como crentes foi planejada para mostrar ao mundo que, se Deus podia fazer *isso* — se podia fazer algo tão impossível —, ele verdadeiramente podia fazer qualquer coisa.

Você precisa entender que a mera ideia de judeus e gentios se darem bem, respeitarem uns aos outros, cooperarem uns com os outros, era totalmente absurda. As fissuras eram profundas demais. A arrogância e hostilidade eram arraigadas demais. Ninguém jamais concorrera a uma eleição com uma plataforma defendendo a reconciliação entre judeus e gentios. Eles odiavam o solo em que os outros haviam pisado. Seus objetivos e desejos eram mutuamente exclusivos. Por uma distância imensa.

Até Jesus.

Jesus mudou tudo.

Ele *ainda* muda tudo.

Pela vida e morte do Messias, uma raça do "mistério" foi concebida —, que é exatamente o que Paulo diz em Efésios 3.3 e em diversas outras passagens. Deus não estava só querendo que esses inimigos mortais pudessem, de algum modo, se sentar juntos e encontrar um jeito de conviver bem. Ele só foi em frente e "derrubou a parede de separação que estava no meio, a inimizade" (Ef 2.14) que os separava havia décadas e décadas de longas gerações sucessivas. Ele não estava *apelando* em nome da paz, mas *proclamando* a paz — "paz a vocês que estavam longe e paz também aos que estavam perto" (Ef 2.16-17).

Assim foi feito.

Só o que restava para aquelas pessoas era começar a aceitar pela fé que o que Deus já havia realizado elas poderiam aplicar, não por causa de seu poder, mas por causa do poder dele. Por mais impossível que parecesse que essa rixa tão antiga finalmente terminasse em uma trégua — até mais, pois eles, na verdade, começaram a *amar* uns aos outros e a se ver como uma família unida, composta de diferenças e diversidade —, Paulo declarou que essa realidade era sua nova realidade. Essa realidade de *agora*. Ele queria que eles entregassem todo esse conflito para todo o poder de Deus, naquele exato momento e local, depois recuassem para ver o que Deus podia fazer.

E Deus o fez.

E se Deus era poderoso para fazer isso — a suprema impossibilidade na mente da maioria deles —, então haveria algo que ele não pudesse fazer por eles? Por você?

A resposta, ao menos em parte, está condensada naquele advérbio de cinco letras que contém todas as suas tristezas, noites insones, medo, frustrações, sofrimentos, desânimo, cansaço, vergonha, impossibilidades e... sogros.

Paulo queria que os primeiros cristãos fizessem a conexão.

Você também precisa fazer.

Agora.

Em espaços reduzidos

Havia mais. O clima cultural da igreja dos primeiros tempos não era a única situação difícil que Paulo pretendia conectar à atual capacidade de Deus.

Mencionei antes que esses dois versículos, Efésios 3.20-21, são o que conhecemos como doxologia. Se você frequenta uma igreja mais tradicional, talvez cante a "Doxologia" como parte de seu culto de adoração às vezes: "Louvado seja Deus, de quem todas as bênçãos fluem…". Sabe de qual estou falando? As doxologias, entre nós, quando são cantadas, geralmente aparecem no auge do culto de domingo. Com o órgão tocando. Com o coro cantando. Com o temporizador do forno ou a panela elétrica fazendo barulho em casa.

Entretanto, Paulo não estava sentado na igreja ou na sinagoga quando encheu a página com essas palavras de louvor incontido. Não, ele escreveu essas palavras de adoração sentado no chão gelado, com a comida gelada e a realidade enlouquecedora da prisão romana. Prisão domiciliar. Guardas à porta, para impedir que ele fugisse. Quando escreveu essa frase gloriosa, ele havia sido condenado, provavelmente a uma pena de até dois anos. Detido. Trancafiado. Aprisionado. Por servir a Deus.

É por isso que Efésios é uma das quatro cartas no Novo Testamento que costumam ser chamadas de "epístolas da prisão". As mesmas palavras que ainda nos inspiram hoje em nossas salas de estar e salas de aula, assim como em cadeiras confortáveis à mesa da cozinha, foram na verdade compostas nos cruéis confins de uma prisão.

Então essa não é apenas uma doxologia.

É uma *doxologia da prisão*.

Reserve um instante para se habituar a *essa* ideia.

Não visualize essa frase grandiosa das Escrituras com um terno e gravata, o chapéu elegante de uma senhora, uma igreja reluzente e um pregador bem alimentado. Não, essas não eram palavras fáceis para Paulo escrever ou dizer. Elas representavam algo que ele não podia ver com os olhos na escuridão de sua condição pessoal no momento, em que a solidão gritava e as paredes cerravam-se em torno dele, acentuando as restrições absolutas de sua realidade. Seu *agora* era lúgubre e funesto. E, ainda assim, de algum modo uma doxologia aflorou em seu espírito até que, não podendo ser contida, irrompeu no pergaminho. Paulo experimentou e proclamou a capacidade de Deus em meio à sua mobilidade limitada; a grandeza de Deus em meio à existência severamente confinada; a assombrosa presença de Deus em meio à frustrante falta de liberdade.

Que tipo de crente você precisa ser para proclamar uma doxologia de um espaço reduzido e uma situação tensa da qual você gostaria muito de sair? O tipo que sabe que o momento certo é tudo. O tipo que estabelece a conexão entre suas circunstâncias atuais e o poder de

Deus, do modo como Paulo escolheu fazer. O tipo que abandona a montanha de crises pelo tempo suficiente para atravessar a robusta ponte de fé que conduz diretamente à capacidade de Deus. O tipo que sabe que, se Deus permitiu isso agora, ele deve ter planos para exibir sua glória agora. O tipo de homem ou mulher que sabe que *exatamente agora* é o tempo em que Deus pode agir em seu benefício.

O mesmo tipo que você tem potencial para ser — exatamente agora, pelo poder do Espírito Santo —, mesmo em suas condições impossíveis.

Não espere nem um minuto

Uma das minhas passagens favoritas da Bíblia é João 10.10. Talvez seja uma das suas também. Fala sobre um ladrão que "vem somente para roubar, matar e destruir", em contraste com a intenção de Cristo, que vem para que possamos ter "vida em abundância".

Acho que a maioria de nós crê nessa verdade. Em teoria. Na vida próspera, sempre plena, frutífera, que Jesus veio nos oferecer. Cremos que ela esteja esperando lá por nós — se conseguirmos superar esse obstáculo na estrada. Nosso *Problema*. Se conseguirmos superar essa dificuldade. Se conseguirmos nos sentir melhor, pagar o carro, terminar o ano na escola ou entrar em um relacionamento firme, duradouro. Então estamos sempre esperando pelo *depois*, depois que perdermos peso, nos casarmos ou nossos filhos crescerem... bem, você preenche o espaço em branco.

Mas acontece que a vida próspera não é algo que você experimente quando não há situações impossíveis com que lidar. A vida próspera é o que Jesus oferece e seu Espírito possibilita durante os momentos em que você está bem *no meio* delas. A ideia é que ela seja vivenciada quando está tudo errado a seu redor, ao mesmo tempo que, inexplicavelmente, tudo está certo dentro de você. É o sorriso que vira os cantos de seus lábios quando Deus enche seu coração com uma paz que vai no sentido contrário à perturbação na sua realidade. É a sensação de aventura divina que pulsa em sua alma mesmo quando você está sentado em um cubículo quadrado, cinzento, fazendo contas durante todo o dia.

Assim que você conecta suas circunstâncias atuais com seu Deus, ele ergue um estandarte de esperança em seu coração e mente. Assim que você crê que ele pode fazer isso — que ele é poderoso —, algo chamado vida próspera realmente surge, bem no meio da melancolia. Como um cara chamado Paulo lhe disse enquanto estava na prisão.

E tudo começa quando você faz a conexão.

Seu casamento pode estar por um fio. *Faça a conexão.*

Suas finanças podem estar um desastre. *Faça a conexão.*

Seu filho pode estar levando um estilo de vida temerário, rebelde. *Faça a conexão.*

Seu médico pode ter lhe mostrado um raio X que você nunca gostaria de ter visto. *Faça a conexão.* Seu Deus está aqui. Seu Deus é poderoso.

TEMPO

E *agora* é que você precisa crer. Você crê? Deveria. Porque *agora é o momento* de ir em frente.

———

AGORA, a ele que é poderoso
para fazer infinitamente
além de tudo o que pedimos ou pensamos,
conforme o seu poder que
opera em nós, a ele seja
a glória, na igreja e em
Cristo Jesus, por todas as gerações,
para todo o sempre. Amém!

2

Giro

"... a ele..."

A cabine de passageiros do avião estava quase totalmente em silêncio, exceto pelo ocasional retinir dos saltos da aeromoça andando pelo corredor estreito. Nosso voo estava em algum ponto entre Londres e Joanesburgo, e a noite caíra pela vasta imensidão do céu. Enquanto meu marido tomava o último gole de café e se reclinava apoiando a cabeça no encosto, virei-me para olhar pela janela a densa escuridão aveludada, pontilhada em muitos lugares por minúsculas lantejoulas de luz estelar. A África do Sul, um país que eu visitara apenas na imaginação, estaria viva sob meus pés de manhã.

Mas, por enquanto, eu estava apenas desfrutando *daquilo* — quase vinte horas de tempo de voo. A possibilidade de respirar longa e profundamente. De não ser necessária. De não ser alcançável. De apenas... ser... e não ser. Tudo ao mesmo tempo.

Eu estava perdida no silêncio e beleza da escuridão enquanto nosso avião continuava a subir até a altitude de cruzeiro.

E então aconteceu.

Às 3h48 da madrugada.

O avião entrou de repente em uma camada de nuvens densas e foi inundado pelo brilho total do sol. O que apenas momentos antes havia sido um oceano de tinta negra explodiu instantaneamente em uma torrente de sol do outro lado de toda aquela cobertura de nuvens, cintilando nas pontas das asas do avião e cegando-me com seu brilho fulminante.

Ergui a mão instintivamente para cobrir os olhos, virando o rosto para o outro lado enquanto as retinas e pupilas se ajustavam. As pessoas — as pessoas que dormiam — começaram a se mexer audivelmente e a fazer caretas, baixando as cortinas em suas janelas ovais, estendendo as mãos para as máscaras de dormir para se protegerem da invasão da luz.

Foi quando notei o horário exibido em um relógio digital perto da frente do avião que ainda estava ajustado ao fuso horário da cidade de onde havíamos partido. A grande ironia da cena que se desenrolava diante de mim foi registrada devagar a princípio e depois ganhou velocidade quando o Espírito Santo atuou sobre mim.

Eram 3h48 da madrugada.

No meio da noite.

Que atrasado!

Estávamos em plena luz do dia *aqui*, durante uma das horas mais escuras da noite *lá*.

E, tão claramente como sempre, escutei a voz de Deus sussurrando em meu espírito, lembrando-me de algo que é, realmente, uma verdade de todas as noites, tão prontamente acessível no solo quanto a dez mil quilômetros de altura.

> Até as próprias trevas
> não te serão escuras,
> e a noite é tão clara como o dia.
> Para ti, as trevas e a luz
> são a mesma coisa.
>
> Salmos 139.12

No fim das contas, mesmo as horas mais escuras da noite apresentam um lado brilhante.

Cada noite de sua vida contém um instante em que são 3h48. Um instante bem escuro, a propósito. Você passou muitas dessas noites dormindo profundamente e em paz. Em outras, você chorou rios de lágrimas, ficou acordado de preocupação ou lutou contra a ansiedade que lhe roubou muito do descanso tão necessário. O fardo a carregar em sua vida nesses períodos o manteve acordado e fitando a profunda escuridão. Os problemas pareciam mais pesados a cada momento. As preocupações não se aquietavam. Lá, no meio da noite, questões que frequentemente passavam sem serem notadas em sua rotina e responsabilidades diárias saíam correndo de seus locais de esconderijo para lembrá-lo de que ainda estavam ao redor.

Entretanto, como aprendi, lá em cima do Continente da Escuridão, naquela noite especial, não está escuro em todos os lugares às 3h48 da madrugada. Na verdade, onde Deus mora e atua, *nunca* fica escuro. Imagino que a forma como você encara aquele instante depende da perspectiva que você assume quando o percebe.

Você também pode dizer que só precisamos voar mais alto.

Manto de nuvens

Atravessar o manto de nuvens que o impede de receber os raios da luz de Deus requer intencionalidade — uma decisão deliberada ao lado de passos proativos para mudar sua perspectiva. Requer alguma ação de sua parte, a começar de uma simples escolha de girar sua atenção 180 graus para longe de onde você está acostumado a olhar.

Para longe do que o está frustrando.

Para longe do que o está atemorizando.

Para longe do que está roubando toda a sua alegria e confiança.

Longe da escuridão, para encarar de frente a luz.

Se esperamos ver a capacidade de Deus no aqui e agora, isso exigirá um *giro*. E esse giro, de acordo com Paulo, é um giro em direção a Deus.

> "Agora... a ele..."

Muitas vezes as pessoas pensam que girar em direção a Jesus é algo um tanto impraticável em termos de conselho espiritual. Voltar-se para Jesus. Olhar para Jesus. Soa bem, mas o que significa realmente?

Embora pareçamos achar a ideia de girar em direção a Jesus um tanto misteriosa, não temos qualquer dificuldade em girar em direção a nossas dores, sofrimentos, desejos e carências. Frequentemente é nelas apenas que pensamos. Ficamos olhando para elas pelo para-brisas quando estamos dirigindo. Nós as pintamos atrás de nossas pálpebras à noite. Nós as medimos, comparamos, analisamos, dissecamos. Se nosso olho capta uma manchete que se refere a elas ou um podcast a seu respeito, paramos o que estávamos fazendo para prestar atenção, ler, escutar e nos condoer.

Nunca nos cansamos delas. Estamos fixados nelas.

E elas vão tirar toda a nossa energia e atenção se as deixarmos. Porque elas detestam ser ignoradas. Vão gritar, guinchar, fazer beicinho e protestar. Vão lembrá-lo de que tudo pode sair errado se você ousar ignorá-las. Quando não estão apertando os botões da sua ansiedade, estão empurrando sua carga de vícios açucarados para você, oferecendo as mercadorias baratas que elas vendem para o alívio do seu desejo.

Pobre de você.

Pobre de mim.

Confesso que, durante os cultos de domingo, descobri minha mente vagando até minhas preocupações e aflições — mesmo lá, mesmo na igreja, mesmo depois de cantar em louvor a Deus e exaltar seu nome. Lá estou eu, entre o povo de Deus e na presença de Deus, mas com a mente totalmente ocupada com meus problemas.

Quem está realmente recebendo minha adoração aqui? O que estou enfatizando como a coisa mais importante, mais determinante em minha vida? Ao que estou dedicando a maior parte de meu tempo, esforço, energia e atenção?

Para onde estou *girando*?

Para Deus? Ou para elas?

Para a capacidade de Deus? Ou para essa aparente impossibilidade?

Quando meu filho do meio tinha seis anos, estava tendo dificuldade para dormir certa noite.

— Fico tendo pensamentos ruins — choramingou ele. — Não sei o que fazer.

Então pulei para fora da cama, como fazem as mamães, levei-o carinhosamente pela mão até o quarto dele e me sentei a seu lado.

— Querido, tente pensar em *outras* coisas. Coisas boas, como... como o Disney World. Esperamos ir lá neste verão, toda a família. Pense que vai se encontrar com o Mickey!

— Não tá funcionando, mamãe.

— Bem... você adora sorvete. Por que não pensa em como estava gostosa aquela tigela de sorvete de chocolate que você comeu hoje? Será que isso ajudaria?

Ele sacudiu a cabeça. Não.

Eu não estava conseguindo. Só ficando com mais sono.

— Hmm...

Sem mais nenhuma ideia, abracei-o, acariciando-lhe o pequeno ombro e o braço por sobre o pijama, então o beijei ternamente na testa enquanto tentava arquitetar alguma outra estratégia. Mas ele foi mais rápido do que eu.

— Já sei o que, mamãe — disse ele finalmente, rompendo o silêncio e fitando-me olhos nos olhos. — Vou ficar pensando em você.

Meu coração se derreteu como manteiga.

E, com isso, ele se reclinou em meus braços e adormeceu, enquanto o Espírito de Deus me ensinava uma lição completa bem ali na cama de meu filho: como uma mente fixada na coisa certa e com o apoio da *pessoa* certa pode mudar tudo.

Quando foi a última vez que você disse a seus problemas para se calarem e irem dormir, e então entregou sua plena atenção — deliberada e intencionalmente — ao Senhor Vivo, seu Pai? Seu cuidador. Seu provedor. E então se reclinou nos grandes braços fortes do Salmo 46.10 e ficou r-e-a-l-m-e-n-t-e parado, só deitado ali sabendo que ele é Deus.

Adorando-o. Meditando nele. Repetindo a Palavra dele nas profundezas de sua memória ou escolhendo novas passagens para copiar e colar em locais estratégicos onde você deparará com elas com frequência. Refletindo sobre sua graça, glória, amor, misericórdia, poder, força, majestade e... capacidade. Lembrando-se da última vez que ele veio até você, confortou-o, apoiou-o. Lutando contra o manto de nuvens baixas que está bloqueando seu progresso. Deus é desejado em sua vida.

Você pode se remexer na cama enquanto se preocupa com sua situação, ou pode girar em direção "a ele". Não, isso não vai fazer todos os seus problemas irem embora — assim como a ascensão daquele avião não fez com que aquelas nuvens desaparecessem. Elas ainda estavam lá. Nós apenas estávamos do outro lado delas — o lado onde o sol estava brilhando, em um fuso horário e espaço diferentes. É isso o que faz o foco intencional sobre

Deus, seu caráter, e suas promessas. Seu coração, mente e corpo giram na única direção de onde vem toda a ajuda.

Preste atenção em para onde vai

"A ele."

Paulo incluiu essas duas palavras duas vezes em sua doxologia de Efésios 3 — a mais poderosa de todas as frases preposicionais —, uma vez em cada versículo.

"A ele..."

"A ele..."

Duas vezes a probabilidade de que você jamais se esqueça. Duas vezes a oportunidade de armazená-las em seu vocabulário ativo.

Porque, se formos sinceros, estamos sempre girando para algum lugar.

Mais frequentemente, giramos em direção *aos outros* — nossos amigos, nosso pastor, nossa família, nosso grupo de oração. E tudo bem. Isso ajuda. Mas, se esse é o único giro que você sempre faz, é como empilhar cobertores sem jamais ligar o aquecedor. Estamos colocando um Band-Aid na testa em vez de tomar uma aspirina para que a dor de cabeça passe.

O melhor que nossos melhores amigos podem fazer é sentir compaixão de nossos problemas. Podem chorar conosco, orar conosco, manter os ouvidos abertos para nós, interceder por nós. Mas não podem fazer o que Deus pode. Não são poderosos como Deus é poderoso. Claro, ele pode usar nossos diversos sistemas de apoio para nos dar um abraço, nos fazer uma observação ou nos dar um conselho sábio, mas somente ele tem o poder de inverter situações, reverter condições, reparar circunstâncias, desoprimir nosso coração, enraizar-nos na paz e transformar nossa provação em um testemunho extraordinário. Ele é o único que pode nos dar exatamente o que é melhor, que nos conhece até o fundo do coração e que pode transmitir tudo o que nos toca pela sabedoria eterna de sua vontade, para que estejamos constantemente sob seu cuidado e guarda amorosa.

Às vezes, por outro lado, giramos em direção a *nós mesmos*. Afinal, é isso que fomos condicionados a fazer. Pôr mãos à obra e esforçar-se mais. Agir sem a ajuda de ninguém. Ocultar nossa confusão e nossos contratempos. Impedir que todos descubram quanta luta há por trás de nosso rosto sorridente e nossas famílias apresentadas como se fossem perfeitas. Porém, girar para dentro nos deixa totalmente expostos ao orgulho e confusão, a perspectivas artificiais e recursos limitados. Achamos que estamos fazendo o que é melhor. Tentamos não incomodar ninguém. Mas nos tornarmos introspectivos demais pode nos fazer escorregar para um abismo de desânimo ao considerarmos cuidadosamente todos os caminhos que não parecem adequados.

O cristianismo nunca foi concebido para ser tão intrínseco. É *extrínseco*. Trata-se acima de tudo de olhar para fora, para Jesus, não para dentro de nós mesmos.

Nosso inimigo é que deseja que nos concentremos em nós mesmos — nas mentiras em que acreditamos com tanta facilidade, nas desculpas que damos com tanta facilidade, principalmente no desespero que sentimos com tanta facilidade. Deus, todavia, quer que nos concentremos nele — em sua divindade, sua capacidade e seu poder ilimitado. Ele nunca está sobrecarregado ou fica desconcertado com nossos problemas. Ele não se aborrece conosco, com as preocupações de nosso coração ou as necessidades em nossa vida, não importa quantas vezes ou com que frequência nos voltemos a ele. Na verdade, se *não* nos voltarmos a ele e *não* entregarmos tudo nas mãos dele, só conseguiremos resistir à capacidade dele de estender a mão para nós e mudar a situação.

Estender a mão para nós e *nos* mudar.

Então precisamos ficar atentos à nossa tendência preferida a girar ilegitimamente na direção de *outros* ou de *nós mesmos*. Mas também precisamos ter cuidado quanto a girar de modo fácil demais e exclusivamente a nossas *escapatórias*. À televisão, às redes sociais, às drogas. Aos filmes, esportes e passatempos. Às distrações que entorpecem e nos levam a perder tempo, além das vergonhosas faltas de autocontrole. Vamos ser sinceros, às vezes simplesmente é mais fácil fazer compras do que lidar com a vida. Um lindo par de sapatos ou um novo aparelho engenhoso tendem a nos anestesiar para a realidade, em troca de uns poucos momentos bastante caros. Trocamos nosso mundo complicado por um mundo de fantasia que é mais fácil de decodificar e controlar, e onde é mais fácil ser protagonista. Esperamos que talvez nossos problemas não pareçam tão ruins quando voltarmos a eles. Ao menos teremos passado algumas horas longe deles — com nosso novo par de saltos vermelhos ou um dispostivo eletrônico novinho em folha. Quem pode nos culpar por isso?

Entretanto, apesar do fato de que girar em direção a uma recreação saudável possa ter um efeito positivo para enfrentarmos as dificuldade, não podemos pedir para uma série emocionante da Netflix cuidar do coração de nosso adolescente agitado. Não há comida mexicana suficiente para reaquecer a frieza que se instalou em nosso casamento. Não há jogos de computador ou celebridades para seguir on-line suficientes para substituir o que está faltando ou compensar pelo que perdemos.

Só Deus é poderoso. Girar em direção *a ele* é o segredo para encontrar a completude e ver nossa situação reverter em nome de Jesus.

Nada muda realmente quando tudo o que fazemos é conversar uns com os outros. Apenas saímos do restaurante com alguns dólares a menos do que tínhamos quando entramos. Voltamos aos nossos assuntos e tentamos nos lembrar de onde deixamos a situação. Quando os outros falam, podemos nos animar, mas também podemos permanecer inalterados. Porém, quando Deus fala — escute-me agora —, mundos vêm à existência! Novas coisas são criadas! As coisas velhas morrem!

É hora de começarmos a girar, reorientando nosso foco para longe de tudo o que esteja nos distraindo de mirar nosso pleno foco... *A ele*.

Giros corretos

Recalibrar nossa atenção em direção a Deus é um tema notavelmente constante tanto no Antigo Testamento quanto no Novo Testamento. Em narrativas e mais narrativas das Escrituras vemos essa ação do povo de Deus conduzindo à coragem, conduzindo ao consolo, conduzindo à revelação e ao resgate.

Antigo Testamento: Quando batedores israelitas foram enviados por Moisés para explorar a Terra Prometida, eles viram gigantes. Viram perigo. Viram grandes cidades, inimigos fortes e fortalezas impenetráveis. Mas dois dos espiões — Josué e Calebe — voltaram os olhos para algo mais. Viram as promessas de Deus, a verdade de sua palavra e a segurança de sua capacidade. "Vamos subir agora e tomar posse da terra, porque somos perfeitamente capazes de fazer isso" (Nm 13.30).

A majoria desses homens, se é que viram a Deus, viram-no apenas através do filtro de sua difícil situação. Mas os outros dois viram as dificuldades através das lentes do poder e glória de Deus. Em vez de girarem para fugir, giraram para serem heróis, e tornaram-se nomes conhecidos de fé por toda uma geração.

Porque giraram em direção a ele.

Novo Testamento: Maria Madalena chegou ao túmulo de Jesus de manhã cedo, "quando ainda estava escuro" (Jo 20.1). A esperança se fora. A vida se acabara. O que ela encontrou, todavia, foi até pior do que o horror que já suportara. A pedra que selara o túmulo de Jesus não estava mais lá. Alguém, aparententemente, o roubara. Seu corpo, já brutalmente morto, havia agora sido, ao que parecia, submetido a afrontas ainda maiores.

Então ela chorou e sentiu o desespero crescer. Achara que já havia sido tão ruim que não poderia ficar pior. E, no entanto, acontecera. Ficara. Estava.

Porque, qualquer que fosse a finalidade que ela começara a extrair da tortura e morte de Jesus, ela agora estava sendo roubada até mesmo do decoro habitual da conclusão. Os anjos vestidos de branco, embora com certeza a tivessem surpreendido, não lhe ofereceram respostas específicas. Nem mesmo o homem que parecia ser o jardineiro, ali em pé, com um ar de desocupado. Porém, enquanto fitava uma distância desconcertante, impossível, ela ouviu aquele misterioso "jardineiro" dizer apenas... "Maria!".

Espere aí! Seu nome só soava assim quando falado por uma Pessoa. Seria possível? Será que ele estava aqui? Seria Jesus? Havia apenas um jeito de descobrir, então...

"Ela, voltando-se..." (Jo 20.16).

Ela girou, se voltou a ele.

E seu olhar a deixou frente a frente com o brilho e beleza do Cristo ressuscitado. Uma simples mudança de perspectiva mudou sua vida — a mesma mudança de perspectiva que pode mudar nossa vida também.

Manter o olhar firme em Jesus é o que nos possibilita livrarmo-nos de "todo o peso e do pecado" assim como das pressões para que possamos correr "com perseverança", avançando alegremente para uma vida que é às vezes reconhecidamente difícil, mas não aniquiladora. Olhar firme para Jesus é o antídoto comprovado da Bíblia contra o cansaço crescente, o desânimo, a desistência, a queda (Hb 12.1-3). Podemos não ver ainda a solução em nossa mente, a resposta a nossas orações ou o remédio tangível que ainda estamos esperando ver, contudo vemos Jesus (Hb 2.9), e sabemos que ele é poderoso.

DEUS É PODEROSO

―――――

Agora, **A ELE** que é poderoso
para fazer infinitamente além
de tudo o que pedimos ou pensamos,
conforme o seu poder que
opera em nós, a ele seja
a glória, na igreja e em
Cristo Jesus, por todas as gerações,
para todo o sempre. Amém!

3

Verdade

"... que é poderoso para fazer..."

Certa noite de sexta-feira, quase vinte anos atrás, entrei na locadora de vídeos vizinha para procurar um filme ao qual eu pudesse assistir debaixo das cobertas no sofá. (Se você não se lembra de locadoras de vídeos, era como quando você escolhe um filme em um serviço de *streaming*, exceto que você precisava ir até a loja, falar com pessoas de verdade e torcer para que ninguém já tivesse retirado o filme que você queria antes de você chegar lá.) Mas naquela noite, quando entrei na loja, fiquei chocada ao descobrir que a locadora de vídeos havia atualizado totalmente o estoque desde minha última visita. Em vez de ver as velhas caixas familiares de gravações em VHS cobrindo as paredes e as prateleiras em toda a loja, eles as haviam substituído por itens novos chamados DVDs.

Ora, eu não tinha um aparelho de DVD. E não tinha intenção de comprar um. Nosso fiel VCR estava em condições perfeitas. Entretanto, com o mero abrir de uma porta na locadora, o eixo de meu mundo de espectadora de filmes havia se deslocado de repente. Se eu ainda quisesse poder escolher um programa para assistir no conforto de meu lar, estava sendo basicamente forçada a gastar algumas centenas de dólares por um novo equipamento que, na época, eu realmente não queria. Frustrante.

Falando de modo geral, gosto que as coisas permaneçam as mesmas. Principalmente em termos de tecnologia, mas em outras áreas da vida também. Gosto muito mais quando as pessoas e locais a meu redor permanecem confiáveis e constantes.

Talvez você também.

Mas a verdade é que, por mais perturbador que possa ser, tudo muda. O mundo a nosso redor se move e se desloca, atualiza-se e progride.

Hoje em dia, os gêneros alimentícios podem ser entregues em casa. Motoristas de Uber podem ser chamados com facilidade e qualquer filme que você deseje assistir pode ser recebido por *stream* diretamente no seu aparelho em casa. A caixa de correio que costumava ser usada para cartas redigidas a mão, convites para chás de bebê e revistas mensais é agora principalmente para falsos sorteios, ofertas de cartão de crédito e outras porcarias que jogamos no lixo. E o progresso tecnológico chamado e-mail — que fez nossas sobrancelhas se erguerem de espanto quando entrou em cena — está rapidamente ficando para trás diante de formas cada vez mais ampliadas de comunicação. Deixamos recados de voz nos telefones das pessoas ou olhamos um para o outro no FaceTime enquanto conversamos por chat.

VERDADE

Tudo está diferente. Somos forçados a nos adaptar. As coisas mudam. O mundo se reinventa continuamente e então requer uma atualização, se queremos continuar vivendo nele.

E, embora algumas dessas novidades sejam interessantes, embora adoremos ser capazes de mandar para alguém um rápido emoji da fila para pegar as crianças na escola, embora fiquemos felizes por não precisarmos atravessar toda a cidade para encontrar comodidades modernas, nossa alma anseia por coisas em que possamos confiar.

Como o amor fiel de um cônjuge. A inocência da infância. A estabilidade de um emprego e salário. A capacidade de andar, trabalhar e fazer coisas comuns sem dor.

Sempre que alguma dessas coisas não se mantém — quando realidades que achávamos que jamais mudariam começam a se mostrar inconfiáveis —, é decepcionante. Talvez debilitante. Sempre que nos decepcionamos, nosso coração começa a se perguntar se podemos verdadeiramente ter certeza de *alguma coisa* na vida — alguma coisa além da mudança, da perda, do estresse e mais decepções.

Boa notícia: podemos.

Ah, sim... podemos!

Não importa quão progressista e pós-moderna se torne nossa cultura, e não importa quantos avanços tecnológicos ocorram, ainda existe uma verdade imutável, inflexível e pura. Não importa em que país você viva, de que cidade você seja, que língua você fale ou o que você faz na vida — a verdade real e sólida mantém um equilíbrio constante em qualquer altitude.

Dois mais dois é igual a quatro. Em todos os lugares.

A gravidade nos mantém no solo. A todos.
Há vinte e quatro horas em um dia. Todos os dias.
Um cônjuge roncando é irritante. Todas as noites.
(Ora, isso precisava ser dito.)

Então, quando Paulo escreveu as palavras que preenchem o terceiro nível em nossa pirâmide invertida, ele almejou declarar uma verdade absoluta, incondicional, irrevogável em um mundo infestado de constante mudança e relatividade: Deus, ele disse, "é poderoso para fazer" o que tiver de ser feito.

Quando as Escrituras declaram que o poder e força de Deus são ilimitados, irrefreáveis e inesgotáveis, estamos olhando para uma verdade que é mais certa do que os gramas de gordura em uma rosquinha, do que a luz do sol, do que a probabilidade de você querer encomendar um novo projeto de reforma da casa depois de "maratonar" todos os episódios de um desses programas que trata de reforma de casas e imóveis.

Deus = É = Poderoso.

Independentemente do prisma sob o qual se analise.

* O *senso de momento* dele nos desafia a alinhar nossas situações impossíveis à atual capacidade dele de resolvê-las.
* É algo em direção a que podemos continuar *girando* nossa vida com confiança a cada minuto de cada dia. Ele pode fazer isso. Ele é poderoso.
* Deus tem uma capacidade pura e poder potencial que pode enfrentar nossas piores dificuldades sem uma gota de suor. Isso é a *verdade*.

Aposte nela.

Sinceramente, essa verdade pode transformar toda a sua vida, se você escolher crer nela. Quando você está certo de que *Deus pode*, então mesmo as situações mais impossíveis e desencorajantes de sua vida se tornam menos ameaçadoras e nefastas. Você pode estar bem no meio de um redemoinho estonteante de acontecimentos, com tudo girando violentamente fora de controle em torno de você, e ainda assim experimentar uma sensação profundamente arraigada de segurança, porque você conhece a verdade — a verdade da capacidade de Deus —, a verdade que nunca, jamais muda.

Deus pode.

Talvez você tenha se disposto a me seguir até aqui neste livro e esteja fazendo o máximo para girar o foco de sua fé inteiramente na direção de Deus e sua capacidade, apesar das circunstâncias. Mas você ainda tem uma preocupação ardente com a vida real sobre a qual gostaria de perguntar: "Priscilla, se ele *pode* fazer isso, então por que não faz?".

O tumor ainda está lá.

Minha família ainda está em crise.

Minha igreja ainda está sem pastor.

Meu filho ou filha adultos ainda não consegue encontrar trabalho.

A indenização que pedi pelos danos causados pela inundação ainda está travada em algum escritório em algum lugar.

E... Deus é *poderoso*?

Com certeza não parece.

Eu sei. Passei por isso e pensei o mesmo. Mas, quer Deus ESCOLHA fazer algo, quer não, é uma questão de sua *soberania*, não de sua *capacidade*. Se ele IRÁ ou não fazê-lo é problema *dele*. Mas crer que ele PODE — isso é problema *nosso*.

Não é a capacidade dele que está em questão. Nunca foi e nunca será. Devemos estar dispostos a estabelecer essa verdade em nosso coração de uma vez por todas.

Mas talvez isso o deixe com uma segunda pergunta, mais perturbadora do que a primeira. Você crê na capacidade dele — no poder dele —, no entanto questiona a *disposição* dele. Você se pergunta sobre o amor dele, se ele se importa o suficiente para ajudar. Essa pergunta é, compreensivelmente, aquela que faz muita gente desistir de tentar e crer de modo geral.

Mas não desista. Continue lendo.

Segundo as Escrituras, esse Deus que é "justo em todos os seus caminhos" é também "bondoso em todas as suas obras" (Sl 145.17). Ouviu isso? *Bondade*. E, embora ele possa permitir coisas em nossa vida que decidamente não são boas, sua Palavra promete que ele ainda está fazendo todas as coisas cooperarem *para* o nosso bem em Cristo (Rm 8.28).

O coração dele está transbordando de compaixão e afeição por você. Ele o chama de "a menina" dos seus olhos (Dt 32.10; Sl 17.8). Ele gosta tanto de você que ergue a voz para se alegrar com você aos gritos (Sf 3.17). Você é seu "amado" (Dt 33.12; Rm 9.25). Seu "estandarte" sobre você é o "amor" (Ct 2.4). Ele está sempre disposto a fazer o que for de seu melhor interesse. Está constantemente tentando produzir o melhor resultado em suas circunstâncias, mesmo que seus métodos nem sempre sejam aprovados ou entendidos pelos humanos. "O Senhor [...] não recusa nenhum aos que andam retamente" (Sl 84.11). Nenhum bem.

Então, independentemente de quais desejamos que sejam nosso relacionamento com Deus e suas ações para conosco, no fim das contas tudo sempre é uma questão de confiança — confiar em que ele é poderoso *e* que sua bondade para conosco o torna sempre disposto em sua infinita sabedoria a fazer o que é melhor. Ele pode ver mais do que nós podemos, e pode nos amar sem precisar explicar por que seu amor precisa assumir *esta* forma neste momento.

A verdade é que você e eu, andando por aí tantas vezes com a cabeça baixa, irritados, com o foco na seriedade e gravidade de nossos problemas, não temos nenhuma ideia do que Deus está atualmente orquestrando em nossa vida, sem falar dos resgates protetores que ele já efetuou.

O mero fato de que você ainda esteja vivo e segurando este livro nas mãos significa que você foi poupado de algumas tragédias, que foi protegido de certos males, que foi conduzido para longe de sabe-se lá quantas pessoas e situações perigosas que poderiam ter acabado com você a esta altura. Deus pode tê-lo curado de doenças que você nem mesmo sabia que estavam em você. Pode ter corrigido situações em seu benefício antes mesmo que você soubesse que tinha um problema.

Ele *já* está trabalhando por trás dos bastidores de sua vida.

Porque sempre está.

Fico pensando no que ele já fez por nós hoje sem sequer nos contar.

A garantia da fé o lembra de que ele está planejando fazer uma grande mudança nas circunstâncias do seu *Problema*, mas essa garantia está no conhecimento de que o senso de momento dele é melhor, mesmo que seja seis meses depois do que você preferiria. Se você realmente acreditasse nisso, não iria querer ser paciente e esperar pelo melhor absoluto de Deus?

Veja, exatamente porque a certeza bíblica da capacidade de Deus o liberta para viver plena e confiantemente no *agora*, ela o convida também a viver fora dele simultaneamente, na expectativa repleta de esperanças quando você olha para o futuro. Você pode ficar angustiado porque ele não dirigiu os holofotes para chamar atenção sobre seu esforço empresarial *agora* (no momento que você preferiria) ou pode escolher permanecer pacientemente animado, preparando, traçando estratégias e construindo, aprontando-se e a sua empresa para o que ele está soberanamente reservando para lhe trazer *depois*. Você pode abandonar seu casamento *agora* ou decidir descansar até que a pequena semente de restauração que já está se agitando no coração de seu cônjuge irrompa *depois* em um vulcão de amor e paixão reavivados. E, mesmo que isso nunca aconteça, sua paciência e perseverança agora o ajudarão a ajustar suas circunstâncias em mudança a um coração puro. Depois.

Claro, *agora* parece melhor. Mas não se qualquer solução de "agora" não vier com as bênçãos maduras do pacote de benefícios que Deus já está pretendendo lhe dar com o tempo em seu jeito perfeito e em sua infinita sabedoria. O fato de você não poder vê-la, senti-la ou contar a seus amigos sobre ela *agora* significa apenas uma coisa: não que ele não seja capaz, mas que seu amor soberano está operando nesse exato instante de modo invisível e sem o seu conhecimento.

O amor de Deus, como diz o salmo 136, dura para sempre. Muito maior do que agora. E estar disposto a confiar nessa verdade é parte do que é crer na capacidade de Deus.

Deus está fazendo o que você quer que ele faça hoje? Talvez não. Confiar em que ele agirá o faz se sentir um tolo supersticioso? Talvez sim. Mas não há como você pedir demais, orar demais, sonhar demais ou crer demais quando se trata da disposição e capacidade de Deus. A capacidade do Pai de nos dar excede nossa capacidade de pedir. E quando seu coração está fixado nessa *verdade*, você está assentado em um fato que jamais mudará, mesmo em um mundo altamente mutável e desafiador. Isso o ajudará a dormir com mais facilidade, rir mais e viver mais tranquilamente em meio a tempos difíceis.

Então, por mais árduo que seja lidar com o que quer que você esteja suportando, você está andando 100% na verdade quando gira o coração, mente e espírito totalmente na direção da capacidade de Deus. Essa postura o coloca na posição mais receptiva de todas a partir da qual observar Deus trabalhando.

Verdade explosiva

Paulo entendia plenamente como podia ser a vida no lado turvo da soberania de Deus. No entanto, ele também conhecia a verdade predominante e persistente da capacidade de Deus. E era aí que ele mirava a atenção como um laser.

Depois de ficar cego na estrada de Damasco por uma luz mais brilhante do que o sol do Texas em agosto, Paulo passou por muitos momentos difíceis. Foi preso, depois libertado milagrosamente. Foi açoitado até quase morrer, mas sobreviveu, cheio de alegria e gratidão. Naufragou em um mar escuro e tempestuoso, mas foi poupado para continuar servindo ao Senhor. E lá estava ele novamente — na prisão, escrevendo essa carta aos Efésios —, ainda concentrado na capacidade generosa de Deus Todo-Poderoso.

Repetidas vezes, Paulo vivenciara essa verdade: *Deus é poderoso*. E ele vivera com ela por um tempo tão suficientemente longo e de forma tão suficientemente fiel que, quando escolheu a palavra para descrevê-la, escrevendo sob a inspiração do Espírito Santo, empregou o verbo grego *dunamai* — uma palavra que soa, de modo suspeito, como uma palavra que adaptamos quase diretamente a partir dela.

Dinamite.

VERDADE

O poder de Deus que abastece a verdade por trás de sua capacidade não é um tipo de poder fino, frágil, um fracote de menos de quarenta quilos. Nada disso! Pode ser explosivo. Como a *dinamite*. E, embora essa palavra não seja a tradução exata da palavra grega que Paulo usou, não posso deixar de ver aqui uma alusão ilustrativa. O poder de Deus é tal que, se penetrar as profundezas de seu problema mais impossível, pode provocar um buraco nele tão grande que se poderia fazer um caminhão passar por ele. Quando a rocha sólida é arrebentada pelo poder da dinamite, as verdades da física assumem precedência sobre tudo o mais, independentemente de quão teimoso ou pedregoso seja o obstáculo. A presença da explosividade frustra todos os outros objetivos. Fará o que fará, e os pedaços irão cair onde caírem. Mas, o que quer que façam, não podem permanecer os mesmos. Quando Deus demonstra seu poder — *ca-bum!* —, a mudança é inegociável.

A *dunamis* (a forma nominativa de seu poder) de Deus pode fazer as coisas explodirem (como a demanda pelo seu produto ou negócio). Pode rearranjar coisas (como as paixões do seu ente amado). Arrasa coisas (como a fortaleza mais inexpugnável). Reconstrói coisas (como seu relacionamento esfacelado). Reestrutura coisas (como seu portfólio financeiro em dificuldades). Ergue coisas (como aquele manto de depressão que paira sobre você). E produz coisas (como o ambiente escolar que é perfeito para sua criança com necessidades especiais). Seus problemas mais prementes não têm a menor chance de resistir — não quando o poder de Deus se manifesta.

Então você precisa de um milagre intenso, explosivo, esmagador, alucinante, radicalmente alterador para mudar algo em sua vida?

Ora, dinamite. O Deus a quem você serve tem poder de ressurreição, cujos efeitos podem ter resultados súbitos, de abalar a terra. E, sinceramente, é um poder que nenhuma ilustração humana consegue explicar exatamente nem de perto.

Deus tem a capacidade de transformar a coisa toda. Pode acontecer em um instante, como um raio, ou em fogo brando, em uma mudança constante. Mas esses problemas que o mantêm acordado à noite e interrompem o fluxo de sua vida diária não conseguem fazer nada que esteja além do alcance de Deus. A capacidade dele é sua dinamite. Você está no lugar certo e tem o Deus certo.

Ele pode fazer isso — para você —, porque ele é poderoso.

Para mim?

Passei toda a vida na igreja, desde a infância. Filha de pregador. Meus pais fundaram a Oak Cliff Bible Fellowship em Dallas, Texas — que ainda frequento até hoje — quando eu tinha um ano. O número de domingos e quartas-feiras (e muitos outros dias também) em que eu não estava na igreja quando criança provavelmente poderia ser contado apenas com a quantidade de moedas em seu bolso ou bolsa neste instante. Em resultado, a igreja sempre foi um local e cultura que conheci extremamente bem, desde o primeiro dia.

Frequentei a escola dominical quando criança. Escola Bíblica de Férias. Venci várias competições sobre conhecimento bíblico. Sempre me esforçava ao máximo para encontrar os versículos primeiro e mais rapidamente, o que era uma evidência mais de minha necessidade de impressionar as pessoas do que do amor que eu devotava a Deus e sua Palavra. Deixava meus professores totalmente loucos, porque sabia a resposta para tudo — ou, ao menos, achava que sabia. *Alguém mais aqui sabe a resposta, além da Priscilla? Ninguém?* Eu não lhes dava muitas oportunidades de descobrir. Se meus professores fizessem votações semanais, tenho certeza de que eu arrebataria o troféu de "aluna mais irritante".

E, embora essa seja uma forma realmente boa de crescer — na igreja e com bons ensinamentos bíblicos —, preciso admitir algo: desperdicei muitos anos meramente catalogando um monte de informação sobre a Bíblia na cabeça, mas nem sempre entendendo um fato bíblico extremamente básico: as promessas de Deus não eram apenas sua verdade para todos; eram sua verdade para *mim*.

Entenda: entrei em muitas situações na vida morrendo de medo, paralisada por tanta insegurança que jamais sequer dei uma oportunidade à experiência. Levantei muita poeira girando minhas rodas e andando em círculos. Passei muitos dias consternada devido a erros e equívocos, certa de que irritara tanto a Deus dessa vez que não iria voltar às suas boas graças por um bom tempo.

Tudo isso aconteceu porque eu não havia personalizado a Palavra de Deus. Claro, eu *acreditava* nela, mas não acreditava para mim. Tudo aquilo que eu sabia e podia citar palavra por palavra para os outros? Eu achava que aquilo era exatamente o que Deus tinha em mente para eles, sua vida e sua própria situação. Mas não acreditava necessariamente que era para mim ou para a minha situação.

Então, embora eu comparecesse aos estudos bíblicos e aulas bíblicas e fosse às casas das pessoas quando nos reuníamos para esse tipo de atividade, nem sempre sentia que deveria incomodar Deus com alguns dos problemas mais pesados que eu estava enfrentando pessoalmente. Afinal, ele poderia não me responder. Ou poderia me responder com uma solução que eu não queria ouvir. Ou poderia estar ocupado demais com outras questões importantes, atuando em outras histórias e testemunhos, não nos meus. Por que eu deveria esperar que Deus fizesse algo para mim? O que eu havia feito para merecer essas mesmas bênçãos? Ele não tinha tempo para mim e meus velhos probleminhas.

Que desperdício pensar nisso.

Que desperdício qualquer crente pensar nisso.

Se você se identifica comigo, espere aí — porque Efésios está prestes a nos tirar imediatamente dessa mentira espiritual vazia, impotente e a nos levar a uma vida próspera. Veja a linha de pensamento comum na oração de Paulo que introduz a doxologia.

* "que [...] conceda a *vocês*" (3.16)
* "que Cristo habite no coração de *vocês*" (3.17)
* "para que [...] *vocês* possam compreender" (3.17-18)

* "que *vocês* fiquem cheios de toda a plenitude de Deus" (3.19)

Tudo o que Paulo estava discutindo era deliberadamente focado na igreja e nos indivíduos singulares e diversos que ela abarca. Dito de outra forma, nessa passagem Paulo se dirige sempre a "vocês", no plural; é a forma de Deus de se dirigir a toda a igreja. O que frequentemente esquecemos, no entanto, é que o que vale para todo o grupo vale para os indivíduos que o compõem. Ele queria que aqueles crentes de então rejeitassem, e nós agora rejeitássemos, viver separados de Deus como pessoas anônimas em uma multidão. Essa é a conexão especial, pessoal que estende o tapete vermelho para o versículo 20. A frase naquele versículo — "é poderoso para fazer" — não é genérica e impessoal. É aplicável a todos os crentes, como se uma pequena afirmação entre parênteses estivesse anexada ali ao final.

"Agora a ele que é poderoso para fazer ... (para nós)..."

Para nós = para mim e *para você*! Coletivamente, sim. Mas também individual e pessoalmente. Eu deveria ter confiado nisso desde o início.

E você também.

Como a maior igreja de Éfeso a que Paulo estava se dirigindo, você e eu como crentes individuais constituímos a maior igreja hoje também. E Deus "é poderoso para fazer" para cada um de nós — pessoalmente, diretamente, intimamente. Tudo o que precisamos fazer é acreditar nisso.

Ora, de que serve para uma criança acreditar que seus pais têm comida suficiente em casa, a não ser que ela também acredite que há comida suficiente *para ela*? Como um empregado obtém algum benefício por saber que sua empresa dispõe de recursos suficientes para pagar os salários no ano seguinte a não ser que ele acredite que há o suficiente *para ele*? De que adianta uma esposa saber que o marido é um homem confiável e fiel a não ser que ela creia que sua fidelidade também se estende *a ela* e seu relacionamento?

Saber que as dádivas de Deus são *para você* muda tudo.

Uma das formas pelas quais Deus deixou essa verdade notavelmente clara para mim recentemente foi enquanto eu estava lendo o relato do milagre de Jesus no casamento de Caná, que se encontra em João 2.

Jesus e seus discípulos haviam sido convidados para o grande evento. Sua mãe, Maria, estava lá também. A certa altura durante a celebração e festividades, o vinho que estava sendo servido aos convidados presentes acabou. Péssimo.

Maria me surpreende. Ela parece ignorar o comentário de Jesus de que ele ainda não estava pronto a exibir seu poder, pelo menos não daquela forma. Ela se volta aos servos e lhes diz: "Façam tudo o que ele disser". *Meu menino irá cuidar disso.* E cuidou. Ele lhes disse que enchessem os potes com água, até a borda, e então tirassem um pouco e levassem para o mestre de cerimônias provar, sabendo que transformara milagrosamente aquela água em vinho da melhor qualidade pelo poder de Deus

— um vinho melhor, na verdade, do que o que estavam servindo antes.

E *então*, diz a Bíblia, "seus discípulos creram nele" (Jo 2.11).

Quer dizer que aqueles caras — aqueles "discípulos" — não criam em Jesus antes? Não até aquele instante? O que isso lhe diz?

O que isso me diz é que é possível ser um "discípulo" e não "crer". É possível ostentar o rótulo de discípulo — aprender com ele, andar com ele, orar para ele, servi-lo, sentar-se naquele banco domingo após domingo adorando-o — e, entretanto, ainda não confiar realmente a ele sua vida e todas as circunstâncias nela.

Tristemente, há demasiados discípulos de Deus cuja confiança nele não vai além de pensamentos religiosos que eles sabem que deveriam estar em sua cabeça, que não agem como se a verdade dele fosse algo real. (Creia em mim, não estou acusando ninguém.) Mas, escute, crer em Jesus deveria ser algo real. Prático. Pessoal. Deveria exercer impacto na forma como encaramos as próximas vinte e quatro horas diante de nós. Deveríamos buscar o Senhor, esperar confiantes que Deus nos salve, com a plena confiança e a segurança bíblica de fé de que "meu Deus me ouvirá" (Mq 7.7).

Sim, ouvirá *a mim*!

Ele "é poderoso para fazer" — para você!

E, mesmo que isso signifique esperar, mesmo que não entendamos, mesmo que a resposta dele não se pareça em nada com a que desejávamos ou esperávamos, o coração que crê se aferra ao que ele sabe — a *verdade*:

que aquele que é Fiel e Verdadeiro é também receptivo e poderoso.

> Agora, a ele **QUE É PODEROSO PARA FAZER** infinitamente além de tudo o que pedimos ou pensamos, conforme o seu poder que opera em nós, a ele seja a glória, na igreja e em Cristo Jesus, por todas as gerações, para todo o sempre. Amém!

4

Transcendência

"... infinitamente além..."

Quanto mais velha fico, mais grata me sinto pelas orações *não atendidas*.

Sério. Com "não atendidas" não quero dizer orações a que Deus não respondeu. Ele escuta e responde a toda oração. O que estou dizendo é que, quando me lembro ao longo dos anos dos relacionamentos, desejos e ambições pelos quais pedi a Deus — supliquei a Deus —, sinto-me grata que ele tenha escolhido não atender a minhas orações imprudentes do modo como pedi que atendesse.

Eu não teria dito isso quando tinha vinte anos, quando me vi diante de algumas situações que me deixaram frustrada, impaciente e em pânico. Quando algumas coisas que eram importantes para mim na época não estavam acontecendo como eu gostaria. Mas agora, anos depois, bem longe das experiências impetuosas e impulsivas que me incitavam a fazer pedidos tão urgentes a ele, vejo mais claramente. Vejo que ele estava fazendo coisas *além* de minhas mais loucas expectativas, mesmo negando meus pedidos.

Além.

Esse é o modo como ele opera.

Infinitamente além.

Ele está sempre olhando para além do reino de nossa visão imediata. Está sempre pensando além do âmbito de nossos pensamentos e pontos de vista atuais. Está sempre arquitetando um plano além da trajetória de nosso ambições. Está sempre operando um milagre que *transcende* o maior alcance de nossa imaginação.

É assim que Paulo descreve a capacidade e obra extravagante, generosa, exagerada de Deus em Efésios 3.20-21.

Vejo mais claramente agora.

E fico muito grata por isso.

Como viemos juntos nesta jornada até aqui, já tomamos a decisão de ser discípulos *agora*, concentrando-nos na atual conexão entre a capacidade de Deus e as circunstâncias de nossa vida corrente. Determinamos que vamos *girar* para longe de nossos medos intencionalmente, focando, em vez disso, Deus, suas promessas, sua presença e seu poder. Não nos deixaremos desviar da *verdade* imutável da capacidade de Deus, independentemente de como nossa situação nos pareça. Estamos mastigando essa fatia de pizza invertida das Escrituras e começando a descobrir (ou talvez nos lembrarmos, pela primeira vez em muito tempo) qual o sabor da verdadeira fé nele. Além disso, como um bônus, esperamos que o incessante roncar de nossa barriga — toda a preocupação, temor, dúvida e desespero — esteja começando a arrefecer e diminuir, abafado pelo poder delicioso de uma explosão de sabor infundida por Deus.

Isso é o que acontece quando você obtém a revelação do poder de Deus.

E isso é bom.

A próxima mordida, contudo, com certeza será a melhor até agora.

Na verdade, vai ser "infinitamente além" de todas as expectativas, que é, surpreendentemente, como a Bíblia descreve não somente a extensão da capacidade de Deus, mas sua capacidade para você — pessoalmente, intimamente, individualmente.

Infinitamente.

Além.

Ou seja, especial, com um recheio extra e delicioso.

Quando Paulo começou a agrupar as palavras que acabariam se tornando Efésios 3.20, procurou encontrar o enunciado certo para comunicar essa parte — a grandeza infinita, além da imaginação, do poder do Pai. Imagine o apóstolo sentado lá, a caneta de junco repousando em uma das mãos sobre o pergaminho, a outra mão pressionando a testa, vasculhando seu conhecimento em busca de toda palavra disponível na língua grega para expressar o tema que o Espírito Santo o estava inspirando a comunicar. Talvez ele tenha tentado uma e depois outra. Bloqueio criativo. Nenhuma palavra era boa o bastante quando separada do resto. Nem a palavra mais extravagante conseguia sintetizar tudo o que ele estava tentando comunicar.

Então seriam necessárias várias palavras juntas em série. Grandes palavras. Palavras substanciais. Palavras que, quando ele finalmente encaixou onde as queria, estava quase criando novas palavras para cumprir a tarefa. As velhas palavras comuns simplesmente não serviam. Pode-se quase ouvir Paulo tropeçando ao tentar explicar o inexplicável.

Terminou desse jeito:

hyper hyperekperissou

Essas são as palavras em grego. E a tradução delas é, literalmente, esta:

Extremamente. Superabundantemente. Além.

Hiperlink

Depois de optar por essa combinação de palavras gregas, Paulo ainda não se sentiu satisfeito, achando que ela não contava a história toda. Em consequência, duas vezes dentro desse pequeno bloco de palavras das Escrituras, ele juntou um prefixo que dava mais tempero às palavras além de seus significados originais.

O prefixo específico que cumpria essa tarefa para Paulo é uma forma que ainda nos é familiar hoje. Volte à frase e veja se você consegue captar um vislumbre dela em grego.

Hyper. Em português, *hiper*.

Vamos parar e pensar por um minuto sobre o que "hiper" pode fazer.

Hiper pode transformar crianças normalmente ativas em *hiper*ativas, que podem necessitar de um ambiente de aprendizado especial para atender suas mentes excessivamente estimuladas e pés em constante movimento.

Pode afetar a extensão natural do seu joelho ou cotovelo levando a uma *hiper*extensão, exigindo que você faça um raio-X, use uma proteção especial e faça algumas sessões matinais de fisioterapia.

Há o espaço sideral e o *hiper*espaço. A tensão saudável e a *hiper*tensão.

Sempre que "hiper" aparece em uma palavra, torna a palavra original maior e grandiosa, mais rápida e forte, mais profunda e multidimensional do que era antes. É como otimizar as palavras. É tudo o que a palavra original diz e mais alguma coisa. E mais ainda. Leva a palavra a um outro nível. Além.

Ao escrever sobre a capacidade de Deus, para expressar poder, Paulo empregou esse prefixo duas vezes. *Hyper hyper*. São dois níveis de "além" que ele queria comunicar.

Não apenas além, mas *além* do além.

Não apenas muito além, mas *muito além* do muito além.

É assim que Paulo descreve Deus e seu poder de realizar milagres espantosos: ele é *hiper*poderoso. *Transcendendo* o reino normal de capacidade. Muito além de qualquer coisa que já se considerasse estar "muito além".

Então eu fico me perguntando: quando se pensa sobre o tipo de milagre que seria necessário para revolucionar completamente suas condições, para limpar sua consciência, consertar seus relacionamentos, iluminar sua visão de mundo, retirá-lo do buraco em que se meteu, qual seria a solução mais surpreendente, magnífica, espantosa que você poderia imaginar? O que estaria *além*, além do *além* de suas mais loucas esperanças?

Vá em frente, dedique um minuto para avaliar o tamanho desse milagre em sua mente.

Conseguiu?

Ora, adivinhe só! Deus pode fazer *além* disso. "Infinitamente" além disso!

Além do seu "além".

Quando a gente realmente para e pensa nisso, esse sempre foi o jeito dele. Ele sempre foi um Deus de grandeza. Existe alguma razão, exceto a "capacidade de ir além", que possa explicar por que, quando decidiu criar a água, ele foi em frente e criou oceanos inteiros? O intenso calor, massa e esplendor de uma única estrela não eram suficientemente impressionantes? Ele realmente precisava ir em frente e criar galáxias inteiras, repletas de billhões e bilhões de estrelas, mais do que qualquer olho humano jamais conseguirá ver?

Os pássaros não poderiam ser todos amarelos? Ou pretos? De tamanho e forma padrão? Por que criar milhares de tipos e espécies diferentes? Grandes, pequenos, bonitinhos e até engraçados. Ele não fez apenas montanhas; fez as Montanhas Rochosas e o Himalaia. Não fez apenas o sol; fez o nascer do sol e o pôr do sol.

Ele é simplesmente além do além.

Muito além do muito além.

Chamamos isso de normal. Como se não fosse nada. Mas isso é porque o único mundo que conhecemos

— este planeta e universo extraordinários — foram criados pela palavra de um Deus que é "infinitamente além" em todos os detalhes. Sendo tão pródigo em riqueza, ele treinou nosso coração para a riqueza. Para formas e texturas. Para transparentes e sólidos. Para materiais flexíveis e materiais firmes. Nós realmente não conhecemos nenhuma outra forma de interpretar a vida exceto por meio da espantosa variedade e assombro criativo de Deus.

Ele falou e tudo surgiu. Imagine isso! Então por que deveríamos esperar que sua capacidade de atuar em nossa vida fosse menos incrível?

Ele é simplesmente além.

Ele está muito além do nosso muito além.

Além do além

Quero ter certeza de que você consegue ver o quadro, gravar em sua mente uma ilustração clara e prática da capacidade de Deus de ir além.

Nos fundos de nossa casa antiga havia um declive bastante íngreme que ia até o leito de um riacho. Era campestre e bonito. Era um dos fatores que nos fazia amar aquele lugarzinho no campo, com sua paz, tranquilidade e espaço para três meninos bagunceiros. Entretanto, preciso admitir, os sinos de meu senso materno tocaram em alerta máximo quando percebi quão íngreme era o declive daquela montanha imediatamente atrás da área onde meus filhos costumavam correr e brincar e (Senhor, me ajude) gastar aquela energia selvagem deles durante as tardes.

Quando adquirimos aquela casa, uma de minhas primeiras providências, antes mesmo de nos mudarmos para lá, foi armar uma cerca simples de tela de arame ao redor daquela borda natural do declive, dando a eles (pelo menos) um lembrete visual dos limites. Falei aos meninos que a cerca era o limite. Eles podiam fazer quase tudo o que quisessem ali dentro — escalar, perseguir, rolar, comer coisas —, mas não os queria ver do outro lado daquela barreira que eu instalara à beira do riacho. Nem um único passo *além*.

Deixamos essas expectativas muito claras.

Tanto em seus ouvidos quanto em seus traseiros.

Certa tarde, olhei pela janela da cozinha e vi um de meus meninos claramente do outro lado do riacho, explorando o denso limite arbóreo. Ele tinha descido o aterro, atravessado o riacho raso e escalado até o outro lado. Ele fora *muito além* do meu limite e *além* de minhas expectativas. Ele estava numa grande encrenca.

Mas vou lhe contar mais uma. Ele se meteu em uma encrenca ainda maior em outra ocasião, quando o telefone tocou e minha vizinha, que morava nos fundos de minha casa — além do limite de árvores, em uma casa que eu nem mesmo conseguia ver na primavera e no verão, devido aos arbustos espessos —, ligou para perguntar se eu estava sentindo falta de um filho, um filho que estava agora a vários metros de distância de seu próprio quintal, lá no quintal dela caçando vagalumes.

Ele estava agora *muito além* de minhas expectativas do que jamais estivera antes. Não apenas *além*, mas *além do além*. Deu para entender?

Muito além do muito além.

Este é só um pequeno exemplo de alguém que vai muito além do que você achava que já era *muito além*, além da opção que você já teria considerado *além*.

Ou imagine que você e seu cônjuge foram fazer uma viagem no fim de semana e deixaram seu adolescente que já está no último ano do ensino médio sozinho para cuidar da casa. Tudo o que vocês pediram, além da obediência às regras e restrições usuais, foi que, quando vocês voltassem para casa, na noite de sábado, o quarto bagunçado deles estivesse limpo e arrumado. Essas eram as expectativas que vocês haviam fixado — nada além do mínimo do que eles precisavam realizar antes que vocês retornassem. No entanto, quando vocês entraram na garagem na noite seguinte e abriram a porta, descobriram que não só eles haviam limpado o quarto deles como haviam arrumado a casa toda. Foi algo *além*. E, sinceramente, vocês teriam ficado satisfeitos só com isso. Mas há mais. Havia um jantar sendo preparado no fogão, com pratos e talheres dispostos na mesa. Até o quarto do casal havia sido limpo com aspirador de pó; a roupa de cama trocada; o aroma de um banho quente exalava do banheiro iluminado a velas.

Esse menino foi simplesmente *m-u-i-t-o além* do seu *muito além*, muito além do que a gente pensou em pedir ou imaginar.

Está captando a ideia?

Mais uma, só para garantir.

Vou lhe contar sobre uma amiga minha cujo marido é, ahn... bem, ele é um cara ótimo. De verdade. Estável.

Confiável. Um homem reto. O tipo de homem com quem qualquer pai gostaria que a filha se casasse. Mas, sinceramente, o marido de minha amiga é um tanto difícil no departamento romântico. Grande marido — só não do tipo efusivo, sentimental, de comprar presentes, segurar a mão, dar alguma mostra de afeição publicamente. Ele é prático. Responsável. Talvez ache que um eletrodoméstico para a cozinha seria um presente de aniversário perfeitamente aceitável. (E *seria*, se fosse acompanhado por um cozinheiro em meio período.)

Certo ano, no aniversário dela, minha amiga me contou que esperava apenas um cartão afetuoso do marido. Apenas um cartão. *De mim para você*, talvez junto com algumas palavras doces, atenciosas, mostrando a ela que ele (não seu assistente executivo) havia realmente lido o cartão antes de escolher. Não precisava tocar uma canção de Lionel Richie quando ela o abrisse ou estar dentro de um envelope grande, especial. Não precisava ser daqueles cartões recortados com um bolsinho interno contendo um ingresso para um dia no *spa* ou qualquer outra coisa. Só um cartão simples de "Feliz Aniversário" com o habitual poema de rimas pobres lá dentro. Era o que bastava para ela. Aquela era a expectativa dela. Puxa, isso teria sido *além* de suas expectativas, considerando o comportamento do marido nos aniversários anteriores.

E não há dúvida de que ele o fez. Quando ela voltou para casa na tarde de seu aniversário, um único cartão estava apoiado no travesseiro, na cama. Que amável. Mas, olha só, isso não foi tudo. Ao lado do cartão havia um presente. Em uma caixa fina, comprida, de forma estranha.

Surpresa, surpresa.

O marido fora agora além das expectativas dela. Antes mesmo de abrir o presente, só ao vê-lo já abriu um vasto sorriso. Ele era um bom marido! Realmente era.

Ela mal podia esperar para abrir.

Até que abriu.

Um guarda-chuva.

(Bah.) Um tanto decepcionante, mas, ora, ele havia tentado. Ele havia se esforçado. Parabéns. Ele fora *além*. Então ela deu um sorrisinho forçado, ansiosa por abrir o cartão. Era tudo o que ela desejara originalmente, afinal. Aquela era sua expectativa. Mesmo que tudo o que estivesse escrito fosse...

"Ouvi dizer que chove muito... em Paris."

Ahhh, sim.

Muito bom!

Infinitamente.

Além.

Além do além.

Ávido por mais?

Queremos crer que isso é verdade. Queremos crer na capacidade de Deus de "ir além". Os problemas que estamos enfrentando, os desafios diante de nós, as dificuldades que tensionam nossa força de vontade e depois riem de toda tentativa que fazemos de lidar com eles — *precisam* de uma solução além do além. Jamais desaparecerão sem uma injeção de algo que só Deus pode criar — muito além.

Então o que estamos esperando? Por que não estamos pedindo por isso? Crendo nisso?

Um jovem presidente de uma faculdade cristã, novo no cargo e ansioso por expandir os esforços de arrecadação de fundos, foi visitar um importante doador certo dia, na esperança de conseguir uma garantia de uma doação extra. Foi recebido em um escritório bem equipado e teve a oportunidade de fazer seu pedido, depois do qual o cavalheiro pegou o celular, apertou o ícone de e-mail e perguntou quanto dinheiro eles estavam querendo.

É uma pergunta que o novo administrador provavelmente deveria ter feito a si mesmo antes de entrar. Mas, falando francamente, ele foi pego desprevenido diante de quão rápida e facilmente o homem respondera. Depois de fazer alguns cálculos apressados na cabeça, ele se inclinou para a frente na cadeira, pigarreou e, cuidadosamente, anunciou uma cifra que temia ser um tanto ousada demais, considerando que aquele era seu primeiro encontro e tudo o mais.

O rico empresário assentiu com a cabeça, olhou para baixo, sem dizer nada, então digitou um breve e-mail ao gerente do seu banco autorizando a transferência daquela quantia para a conta da faculdade. O administrador ficou grato e aliviado. Sorriu e apertou a mão do empresário. Mas, quando estava sendo acompanhado até a saída, esse sábio e generoso doador colocou a mão no ombro do presidente da faculdade, fitou-o olhos nos olhos e disse:

— Gostaria de lhe dar um pequeno conselho, meu jovem. Da próxima vez, peça mais. Eu teria lhe dado mais, se apenas me tivesse pedido.

Se apenas ele tivesse pedido.

Como filhos de um Deus com todo o poder à sua disposição, faríamos bem em nos lembrar de que estamos nos dirigindo a um Pai que nos dá permissão para orar a ele pedindo aquilo de que precisamos (Fp 4.6). Não há necessidade de sermos modestos. Seu "além de" — a solução mais extravagante para seu problema, aquela que o surpreenderia se Deus realizasse mesmo — é moleza para ele, não importa quão grande e ousada nos pareça. Se pensamos que o que estamos pedindo está além do que ele pode fazer, não estamos pensando clara e abrangentemente o bastante — porque, não apenas as soluções dele transcendem a ordem natural das coisas, como ele próprio é transcendente. Seu pedido nunca estará além da capacidade de um Deus que vive e opera no reino do "além".

Eis quão absolutamente transcendente nosso Deus é. Ele não é apenas "poderoso para fazer". Ele é "poderoso para fazer [para nós] *infinitamente além*".

E, uma vez que creiamos realmente nessa espantosa verdade das Escrituras, isso muda o modo como vivemos. Muda o modo como oramos. Muda o modo como temos esperança. E sorrimos. E rimos. Muda toda a nossa visão de mundo.

Para deixar claro, a capacidade dele de ir "além de nosso além de" não significa que ele está obrigado a receber ordens de nós, nem que, se pudermos crer suficientemente, possamos forçá-lo a concordar conosco sobre a solução que gostaríamos de ver acontecer. Orar não manipula Deus nem o força a fazer o que não quer.

Somente ele é soberano; somente ele está no controle final. *Ele* decide como sua "capacidade de ir além" se concretiza em nossa vida.

Seus propósitos e planos, assim como seu amor e graça, estão tão longe dos limites até onde nossa mente minúscula consegue chegar que faremos bem se apenas deixarmos os detalhes de "como e quando" inteiramente nas mãos dele. Na verdade, quando fazemos arrogantemente exigências a Deus com nossos pedidos, estamos prestando um desserviço a nós mesmos. Limitar a obra dele ao âmbito da capacidade de nossa mente de planejar e compreender é limitar nossa experiência da capacidade extravagante do potencial fazedor de milagres de Deus, que se estende até a eternidade e retorna.

Se soubéssemos tudo o que ele estava planejando, não poderíamos suportar o peso disso. Jesus aludiu a isso quando falava com os discípulos. Quando se aproximava a hora de sua morte, ele lhes disse: "Tenho ainda muito para lhes dizer, mas vocês não o podem suportar agora" (Jo 16.12). E ele gosta muito de nós para nos dar mais do que podemos suportar.

Na realidade, é o amor e compaixão de Deus, não qualquer frieza e distância da parte dele, que faz com que ele nos mantenha em um relacionamento de confiança com ele, em vez de em um papel de assessoria, em que nós estalamos os dedos e ele salta para nos atender. Ele agirá em nossa vida no tempo e lugar ideais, sempre fazendo o que é certo e melhor. Mas saiba que, o que quer que ele faça, sempre que o fizer, será "infinitamente além" — mesmo que ele não nos mostre tudo o que está fazendo ou por que está fazendo. Se vamos desfrutar da capacidade dele de "ir além", precisamos vivenciá-la dentro do contexto de sua sabedoria, natureza e caráter que estão "muito além".

A transcendência de Deus.

Então, sim, você e eu podemos levar qualquer pedido diante do trono da graça de Deus (Hb 4.16), confiantes em que ele nos ouvirá (1Jo 5.14), confiantes em que ele nos atenderá (Jo 16.24). Mas, antes de dizer "amém" e agradecer a ele por ouvir, devemos sempre pontuar nossa oração com um sentimento neste sentido: "Senhor, por favor, faz isto... *ou faz algo melhor!*".

Talvez esse seja o jeito mais inteligente de orar.

Prefiro, toda vez, a transcendência de Deus à minha inteligência.

Se você realmente crê no que Deus disse sobre sua capacidade ilimitada, então sabe o que mais? Você pode ter feito a última oração segura e reduzida pelo resto de sua vida, tanto em seu nome próprio quanto no de outros. Se você vai começar a mastigar a natureza imponderável do poder de Deus em seu próprio interesse, vai perceber que expressar seus sonhos mais loucos a Deus não é exigir demais dos recursos dele nem fazer uma demanda elevada demais de seu potencial.

Ele é Deus.

E está além, muito além de tudo isso.

Você não consegue imaginar tudo o que Deus reserva em estoque para você, sua vida, família, ministério, futuro, filhos, carreira. Mas você pode ter confiança absoluta em que, o que quer que seja, será "infinitamente além" das suas mais loucas e magníficas expectativas.

Agora, a ele que é poderoso para fazer **INFINITAMENTE ALÉM** de tudo o que pedimos ou pensamos, conforme o seu poder que opera em nós, a ele seja a glória, na igreja e em Cristo Jesus, por todas as gerações, para todo o sempre. Amém!

5

Completude

"... de tudo o que pedimos ou pensamos..."

Deus e eu temos um histórico que remonta a muitos anos atrás.

Ele me ajuda a encontrar coisas que perdi.

Se tivesse acontecido só uma ou duas vezes, talvez eu pudesse atribuir meramente à boa fortuna. Coincidência. Pura sorte. Mas aconteceu com frequência demasiada para negar o envolvimento dele.

Ele conhece minha tendência a perder pequenas coisas, como minhas chaves e carregador do celular, e às vezes coisas mais cruciais, como papéis importantes ou outros itens valiosos. Ele é muito paciente comigo enquanto trabalho nesse aspecto de minha vida. É como uma piada recorrente entre nós, a essa altura.

Certa primavera, por exemplo, eu estava lidando com uma perda especialmente enlouquecedora: um caderno de recordações no qual, durante anos, eu vinha guardando fotografias dos primeiros meses de vida de meus filhos. Isso foi antes dos tempos em que passamos a poder guardar fotografias no celular. Então aquelas eram fotografias de verdade. Imagens insubstituíveis.

Aquele álbum era muito especial para mim, e eu costumava abri-lo e fechá-lo com frequência. Guardava-o em minha bolsa, adicionava fotos, anotava lembranças, tirava-o da bolsa a qualquer momento, mantendo estranhos inocentes reféns das fotos de minha família por um tempo maior do que eles desejariam, sem dúvida. Esse livrinho era incrivelmente especial para mim.

Em algum lugar, de algum modo, eu o perdera.

Aquela época de minha vida havia incluído muitas viagens, o que significava que eu poderia ter deixado aquele livrinho em algum avião, em qualquer lugar da Flórida à Califórnia. Podia estar em um achados e perdidos de algum hotel ou no banco traseiro de um táxi. Durante três meses inteiros, procurei em casa e fora da cidade, em todos os lugares, tentando encontrá-lo. Telefonei a todas as companhias aéreas com as quais havia voado e todo hotel onde havia me hospedado. Telefonei às igrejas e centros de conferência onde havia estado. Não estava em lugar algum.

Eu estava arrasada.

Falei de meu aborrecimento a meu marido, Jerry. Entretanto, mesmo percebendo a aflição em minha voz, ele não tinha a menor ideia de quanta angústia eu abrigava dentro de mim, nem de quantas vezes eu quebrava a cabeça em busca de alguma pálida lembrança de onde vira aquele livro pela última vez, torturando-me por ter sido tão descuidada com algo tão precioso.

Tenho certeza de que você sabe como me sentia. A gente fica procurando nos mesmos armários que já revirou duas vezes antes. Passa os dedos pelas mesmas estantes e pilhas onde sabe que não pode estar, mas talvez tenha deixado de notar da última vez. Simplesmente espera que algo lançará uma nova luz de possibilidade em que não havia pensado ainda.

Você procurou em todos os lugares. *Não pode* estar nesta casa, senão você já teria encontrado. Mas, ainda assim, você continua procurando. "Por favor, Deus, *onde está?*". Sim, eu finalmente recorri àquela abordagem — oração —, depois de semanas e semanas de trabalho pesado e coração pesado.

Foi em uma manhã tranquila, meses depois do início de minhas buscas pelo livro perdido. Eu estava sentada, em meu momento de ler a Bíblia, quando o Senhor desviou meus olhos para a seguinte passagem: "Porque o seu olhar alcança as extremidades da terra; ele vê tudo o que há debaixo dos céus" (Jó 28.24).

Meu coração deu um salto.

É claro! Por que eu ficaria surpresa que meu Pai celestial, que "conta o número das estrelas" e chama "todas pelo seu nome" (Sl 147.4), também tivesse as coordenadas de GPS de "tudo que há debaixo do céu"? Tudo. Até coisas que podem ser completamente insignificantes para outra pessoa, mas significam muito para mim. Até coisas perdidas devido a um erro meu. Ele sabe onde *tudo* está localizado — até o livrinho de recordações de meus filhos. *E, já que o Senhor sabe onde ele está, estaria disposto a me mostrar?*

Essa foi minha oração.

Naquela manhã.

Saí de casa naquele dia por volta das dez horas da manhã para ir até a mercearia e voltei dentro de uma hora para guardar tudo no refrigerador e despensa. Então voltei ao quarto de dormir para tirar os sapatos e relaxar. E lá estava ele. O livro perdido — aquele que eu achava, pelo que sabia, que deveria ter deixado no Portão 31B no aeroporto de Sydney, Austrália —, aquele livro contendo fotografias e lembranças da infância de meus filhos estava em cima do meu travesseiro.

Em cima. Do meu. Travesseiro.

Como um presentinho vindo direto da glória.

Não me lembro exatamente se havia um holofote dourado pairando sobre ele, com pequenas centelhas de poeira cintilando na luz. Essa parte provavelmente estava apenas em minha mente. Mas o livro físico em si... lá estava ele!

Como expliquei, Jerry não sabia absolutamente tudo o que eu havia passado procurando por aquele livro. Ele não sabia — não tinha como saber — que poucas horas antes eu havia orado pedindo ao Senhor que me ajudasse a encontrá-lo. Mas depois que saí para ir à mercearia, Jerry estava arrastando um móvel para pegar algo que havia caído lá embaixo e viu meu livro; recolheu-o e deixou-o despreocupadamente sobre a cama.

Sem saber que era uma dádiva de Deus — uma dádiva pela qual ele aparentemente estava só esperando que eu *pedisse*.

Não sei por que eu havia levado tanto tempo até recorrer a ele e pedir por sua ajuda. Tudo o que sei é isso: a partir daquele momento, desde então até hoje, nunca mais perdi tempo sentindo que meu probleminha pudesse ser insignificante demais para levá-lo à atenção de Deus. Não começo a procurar embaixo das almofadas do sofá, ajoelhada, sem antes recorrer a Deus pedindo direta e imediatamente por seu auxílio. Embora ele me desafie pacientemente a ser mais organizada e responsável, nossas pequenas trocas se tornaram realmente bem engraçadas agora. Eu pergunto "onde?" e ele responde "lá".

Isso me poupa um tempão.

O que estou dizendo é — e você descobrirá que é verdade, se já não descobriu — que Deus sabe das pequenas coisas e se importa com elas. *Suas* pequenas coisas. Porque, quando elas interessam a *você*, não são mais pequenas coisas. As coisas que o perturbam, não importa quão desimportantes ou triviais possam ser para seu cônjuge, filhos, amigos ou pais, são importantes para Deus.

Há algo que você considere pequeno demais para "incomodar" a Deus levando-o até ele? Há algum detalhe que importa para você, mas você se preocupa achando que não importa para ele? Que isso lhe sirva como lembrete. Você tem um Pai amoroso que se importa com seus problemas grandes, pequenos e tudo o que está no meio.

Tudo.
Totalmente.

Abrange tudo

"Agora...
    "a ele...
    "que é poderoso para fazer...

"infinitamente além...
"... de *tudo*..."
Amo essa palavra. "Tudo." Aliás, devotei algum tempo a estudá-la cuidadosamente na língua original das Escrituras, tentando desencavar nas profundezas mais significados com os quais pudesse aprender. Queria entender exatamente o que estava na cabeça de Paulo quando expressou seus pensamentos dessa forma. Depois de algumas boas horas de pesquisa, descobri que há uma opinião de amplo consenso entre os estudiosos de que o melhor significado da palavra que traduzimos como "tudo" em nossas Bíblias é...

Tudo.

"Tudo" significa *tudo*.

Deus é poderoso para... fazer... tudo.

A atividade dele não está confinada ao que é espetacular e digno de exclamações. Nem tudo o que ele faz chega às manchetes ou evoca aplausos efusivos de uma vasta plateia. Algumas das obras dele — ouso dizer, algumas de suas *melhores* obras — são executadas no mais comum dos dias, no mais comum dos lugares, com as pessoas mais comuns. Como nós.

Em outras palavras, às vezes nosso problema não é que não cremos em Deus quanto ao que é sobrenatural e surpreendente, mas que não cremos que ele se importa com a rotina e o cotidiano. Limitar nossa visão do interesse e atividade de Deus ao assombroso não é realmente muito diferente de limitar nossa visão de Deus ao monótono. Ele não existe apenas na estratosfera das necessidades extravagantes. Sua capacidade vai até o que é básico. Onde você está. Todos os dias.

Isso se revela em nossas quartas-feiras. E nossas lavanderias. E nossos planos para o almoço. E nossos encontros de negócios. Ele pode alterar nossos padrões de trânsito, prever quando o computador vai quebrar, ajudar-nos a escolher a empresa mais confiável para a reforma de nossa casa e lembrar-nos de que precisamos comprar uma garrafa de leite na volta para casa esta tarde.

Não estou, de modo algum, tentando reduzir Deus a uma fração trivial do que ele é. Estou só tentando ampliar a natureza detalhada e atenciosa de seu caráter. O mesmo Deus que criou elefantes e búfalos também criou amores-perfeitos e joaninhas. Grandes e pequenos, ele cuida de todos. O milagre de como ele arranja um pequeno detalhe do seu dia não é menos divino do que o modo como ele arranja um encontro modificador da vida que cria um enredo histórico digno de um longa metragem. Ele sabe quando seus filhos estão sofrendo, e sabe quando estão simplesmente em um dia ruim. Nada escapa à atenção dele.

Ele pode fazer tudo.

Ele conta os fios de cabelo em nossa cabeça, diz a Bíblia (Mt 10.30). Aqueles que você escovou para tirar do blusão esta manhã quando você estava se vestindo? Foram contados. Assim como aqueles que estão crescendo para tomar seu lugar.

O pássaro morto que você notou junto à sarjeta quando tirou o carro da garagem em uma dessas manhãs?

Deus estava lá quando ele caiu (Mt 10.29). Por menor que seja a vida que ele carregava em si, não era pequena demais para que Deus não a notasse.

Por que Deus mencionaria esse tipo de coisa nas Escrituras? Pense no que mais Jesus poderia ter empregado seu tempo para falar — planos imensos, acontecimentos que mudariam o mundo, questões e problemas da plataforma do reino. Por que ele insistiria, mesmo que por um instante, nessas qualidades incomumente atenciosas do Pai? Ele não estava só tentando apelar a mulheres eleitoras. Ou demonstrar o amor de Deus pelos animais. Ou suavizar a reputação dele de durão no Antigo Testamento. Acho que, sobretudo, ele estava simplesmente contradizendo uma mentira em que achamos tão fácil crer, a que diz que ele pode ter nos amado o bastante para morrer por nós, cuidar de nossos *maiores* problemas, mas não está realmente interessado em nossos pequenos problemas. Nossos problemas diários. Nossos problemas pequenos demais para serem mencionados.

"Aquele que não poupou o seu próprio Filho, mas por todos nós o entregou, será que não nos dará graciosamente com ele todas as coisas?" (Rm 8.32).

Todas as coisas.

Há uma completude na capacidade de Deus. Abrange *tudo* o que se refere a nós. "Ele perdoa *todos* os meus pecados e cura *todas* as minhas doenças" (Sl 103.3, NVT). Ele convida "*todos* vocês que estão cansados e sobrecarregados" a vir experimentar seu descanso (Mt 11.28). Ele diz que sua bondade e amor "me seguirão *todos* os dias da minha vida" (Sl 23.6), o que me faz sentir totalmente justificada ao confiar nele de *todo* o meu coração, buscando a vontade dele em *tudo* que fizer (Pv 3.5-6), sabendo que ele está fazendo com que "*todas* as coisas" cooperem para o bem de *todos* os filhos que ele chama de seus (Rm 8.28). Quando você busca "em primeiro lugar o Reino de Deus e a sua justiça", Deus promete que "*todas* estas coisas lhes serão acrescentadas" (Mt 6.33) — plena provisão, alimentos e roupas, amor e abrigo, todas as necessidades.

Tudo.

Ele é poderoso.

Então não posso deixar de lhe fazer esta pergunta de novo: há algo que você ainda não está expressando a Deus em oração porque acha que é insignificante demais para mencionar? Há algum problema que você sente que seria para ele uma perda de tempo grande demais para você lhe pedir? Não há exigência mínima para o que ele está disposto a nos providenciar em nossa vida. Com Deus, não há distinção. Tudo está no mesmo nível diante deste ser glorioso que o criou, o conhece e o amou o bastante para morrer por você. Como o compositor de hinos Charles Wesley disse: "amor divino, que excede *todos* os amores [...] Jesus, tu és *todo* compaixão".

Então não acho que as preocupações que surgem nos pequenos detalhes de hoje são para você suportar sozinho, como se estivessem, de algum modo, alheias à proteção, orientação e atenção pessoal de Deus. O mesmo Deus que o salva do inferno está também disposto a salvar o que resta do seu sistema nervoso e semana de trabalho e é poderoso para isso.

Até nas letras miúdas, o tudo de Deus significa tudo. Totalmente.

Se não for pedir muito

Entre as caixas que tendemos a construir para Deus — as diversas extensões em que cremos ou prevemos que ele agirá —, está a caixa que o confina a nos responder da mesma forma que os outros o fazem. Frequentemente limitamos nossas expectativas em relação a ele ao que experimentamos em nossas interações humanas. Aprendemos, por exemplo, que nem todos os que dizem que deveríamos nos encontrar para almoçar um dia desses têm realmente alguma intenção de incluir isso em sua agenda. Nem todos os que dizem que vão orar por nós se lembrarão de fazê-lo. Algumas people esperam que nunca descubramos se estavam falando sério ou não quando nos disseram "se houver alguma coisa que eu possa fazer, é só me pedir".

Achamos que Deus também é assim.

Mas, como diz a Bíblia, "Deus não é homem, para que minta" (Nm 23.19). Quando ele nos diz para pedir — como faz em várias ocasiões nas Escrituras —, ele não está apenas tentando soar amigável. Está tentando nos envolver em sua bênção.

Ele está querendo que experimentemos a plenitude de nosso legado em Cristo. Está usando a oração para construir confiança e relacionamento.

Agora deixe-me falar claramente: não estou sugerindo que precisemos buscar a vontade de Deus quanto ao que devemos vestir de manhã ou decidir o que incluir na lancheira para nosso filho pequeno. Só estou dizendo que, quando temos uma *preocupação*, quando algo está nos causando apreensão ou inquietude, nunca devemos temer compartilhar com nosso Pai celestial porque achamos que ele não tem tempo para algo tão insignificante. Ele nos *convidou* a fazer isso, a lhe entregar todas as nossas "ansiedades, porque ele cuida" de nós (1Pe 5.7). Ele deseja verdadeiramente ter relacionamento conosco.

Se eu encontrasse uma nota de dez dólares sob o banco de passageiros quando estivesse limpando o carro algum dia, poderia achar que foi um golpe de sorte e trocá-los por uma xícara grande de café sem nem pensar de onde vinha aquele dinheiro. Mas, se eu pedisse dez dólares a uma amiga, ficaria agradecida se ela os desse a mim. Eu diria "obrigada". Experimentaria a prova tangível de sua amizade e desejo de cuidar de mim.

(E *ainda* trocaria por uma xícara grande de café.)

Pedir a Deus não nos torna prepotentes, segundo a Bíblia. Nem, é claro, significa que ele nos dará qualquer coisa que desejemos. Mas, quando aceitamos seu convite e pedimos aquilo de que necessitamos — tanto as coisas grandes quanto as pequenas —, uma das maiores coisas que ele nos dá é a oportunidade de reconhecer exatamente de onde está vindo a ajuda. Quando pedimos e ele atende, temos a oportunidade de saber, fora de qualquer dúvida, que ele é quem estava atuando em nossa experiência.

(A propósito, isso também é uma grande dádiva para nossos filhos pequenos. Incentive-os a orar a respeito de um problema na escola ou em alguma de suas amizades, e permita que vejam e sintam como é ver Deus responder.)

Quando pedimos verdadeiramente ao Senhor, não estamos apenas esperando de maneira geral; estamos nos relacionando com nosso Pai. Estamos pedindo, buscando e batendo à porta, exatamente como sua Palavra nos orienta a fazer (Mt 7.7). E, quando ele dá, quando encontramos, quando a porta nos é aberta, não ficamos ali sentados nos perguntando como aquilo foi acontecer. Ao nos convidar a pedir, ele está conectando continuamente sua vida com a nossa. Cada bênção se torna outra expressão notável de seu cuidado amoroso. Sua presença constante. Sua proximidade sagrada.

Ele é poderoso para fazer "tudo o que pedimos". *Além* disso, na verdade.

Mas até *isso* não é tudo. (E essa parte me deixa tão entusiasmada que eu quase não consigo me conter.)

Como muitas vezes não conseguimos localizar a razão exata para a dor em nosso coração que necessita de cura ou a preocupação que está nos impedindo de dormir à noite, Deus não precisa esperar que encontremos as palavras certas antes de responder. Ele está disposto a fazer além do que pedimos, sim, mas ele irá até além do que podemos "pensar".

A extensão de informação que eu poderia transferir para um pedido em uma oração é bastante vasta. Se tiver tempo e espaço suficientes no diário, eu poderia pedir por um milhão de coisas ou mais — sobre eu mesma, meu coração, meu casamento, meus filhos, nosso ministério, nosso futuro, nossa igreja, meus amigos, nossa cidade, nossa nação e muitas outras nações em todo o mundo. Estou certa de que você poderia fazer isso também. Os *terabytes* de dados que poderiam existir dentro da frase "tudo o que pedimos" provavelmente queimariam qualquer disjuntor nas vizinhanças.

Mas e as coisas que estão além do que podemos expressar em palavras para pedir? Porque, por exemplo, não temos como saber o futuro. Não conseguimos apreender plenamente as profundezas do sofrimento e da dor no mundo, ou mesmo em nosso coração. Não podemos verdadeiramente conhecer as intenções do outro ou mesmo as nossas próprias às vezes.

Não se preocupe. As coisas pelas quais não sabemos como orar, assim como as coisas pelas quais nem mesmo sabemos que seria bom orar, ainda estão sob o controle de Deus. Ele pode fazer tudo o que podemos "pedir *ou* pensar".

Mais do que podemos imaginar.

Você ouviu isso? O plano mais refinado que sua imaginação poderia elaborar para resolver qualquer problema que mais esteja atormentando seu coração hoje nem sequer chega perto da capacidade dele. Ele vai *além* disso.

Além de todas as suas palavras.

Além de todos os seus pensamentos.

Em seu amor, ele desconta essas nossas limitações e fraquezas. Como expressa o apóstolo Paulo em Romanos 8.26-27:

Da mesma maneira, também o Espírito nos ajuda em nossa fraqueza. Porque não sabemos orar como convém, mas o próprio Espírito intercede por nós com gemidos inexprimíveis. E aquele que sonda os corações sabe qual é a mente do Espírito, porque intercede pelos santos de acordo com a vontade de Deus.

Além do que possamos pensar em pedir há coisas que somente Deus sabe. E, seja onde for, lá ou aqui, sempre que nossas palavras faltam, o Espírito preenche as lacunas, sem deixar que nada que não se conforme à vontade dele toque nossa vida. Por quê? "Por que o Pai de vocês sabe o que vocês precisam, antes mesmo de lhe pedirem" (Mt 6.8).

Você e eu estamos absolutamente protegidos.

Totalmente.

Porque Deus é poderoso.

Agora, a ele que é poderoso
para fazer infinitamente além
DE TUDO O QUE PEDIMOS OU PENSAMOS,
conforme o seu poder que
opera em nós, a ele seja
a glória, na igreja e em
Cristo Jesus, por todas as gerações,
para todo o sempre. Amém!

6

Turbo

"... conforme o seu poder que opera em nós..."

Você já ficou preso atrás de um carro lento no trânsito, enclausurado na pista da direita enquanto outros carros passam por você em um fluxo constante à esquerda? Frustrante. A única coisa pior, suponho, seria ficar trancado em uma longa estrada sinuosa no campo, onde não há faixa da esquerda para escapar.

Lembro de estar em um engarrafamento em uma situação como essa certa vez, quando o carro à minha frente andava mais de trinta quilômetros abaixo do limite de velocidade e não era um carrinho de golfe ou um cortador de grama, e sim um Ford Mustang GT de último tipo, azul-claro.

Bem, não estou alegando saber muito sobre carros. Mas, vamos e venhamos, mesmo uma garota como eu, que prefere falar sobre decoração estilo antigo do que sobre carros antigos (sobre qualquer tipo de carro, na verdade) sabe algumas coisas sobre Mustangs. Eles têm alto desempenho e motores V8; são superpotentes. E não ficam atravancando a estrada deixando de manter a velocidade adequada. Geralmente os Mustangs são os que forçam *você* a sair do caminho, acelerando bem atrás de você, colando na sua traseira, rosnando para você como se fossem os donos da estrada.

Não aquele, contudo. Não naquele dia. Aquela pessoa estava obviamente sem pressa nenhuma, para onde quer que estivesse indo. E eu estava atrás dela. Em uma estrada de pista dupla. Com uma subida íngreme que se estendia à frente, bloqueando minha capacidade de ver se havia carros se aproximando de mim do outro lado ou se eu tinha tempo suficiente para ultrapassar.

Presa.

Gostaria de dizer que eu estava com total paciência e serenidade, assobiando a melodia de um hino enquanto seguia o tal Mustang. Eu me sentiria muito devota se lhe dissesse que aproveitei o tempo extra para reforçar minhas orações ou citar as Escrituras. Mas não vou fazer isso, porque estaria mentindo. Tudo o que posso lhe dizer é que, finalmente, depois do que me pareceu uma eternidade, o horizonte se aplainou o suficiente para que eu visse que poderia me arriscar a passar para a outra pista, ultrapassando o Mustang, que estava longe de ser um trator ou um veículo rural daqueles que se arrastam na pista mais lenta. E, ao virar para a esquerda e acelerar, impulsionando o poderoso Shirermóvel a ultrapassar aquele carro esporte elegante, mas vagaroso, não pude deixar de lançar uma rápida olhadela para o motorista.

E, quando o fiz, fiquei chocada com o que vi. Aquele não era o tipo de dono de carro que eu imaginara ver atrás do volante. Não era um adolescente digitando no celular em vez de dirigir, nem uma vítima da crise da meia-idade testando seu novo brinquedo. Quem dirigia *aquele* Mustang era uma senhora idosa meiga e pequena, de cabelos grisalhos e ombros curvados, que me lembrou minha avó. A cabeça dela mal ultrapassava o volante.

Gostaria que você pudesse tê-la visto. Era cômico.

De certa forma, era adorável. Vê-la ali suavizou um pouco a situação para mim. E, enquanto eu avançava rapidamente para ultrapassá-la e assumir o lugar à frente dela, achei que essa contradição entre a imagem da senhora idosa e o carro esporte era, de certa forma, iluminadora espiritualmente.

Pense em toda a potência que habitava sob o capô daquele Mustang. Pense em toda aquela engenharia automotiva desperdiçada. Um carro como o dela, equipado com tanta propulsão e força explosiva — quero dizer, um carro virtualmente capaz de correr uma corrida de NASCAR. Então a gente pensaria que ela poderia ao menos dirigir a mais de 50 km/hora, certo? E, no entanto, lá estava ela, só seguindo em frente, deixando todo aquele poder inexplorado, não experimentado, não testado. Perguntei-me se aquela querida senhora estaria realmente consciente de todos aqueles cavalos embaixo de seu capô, só esperando pela oportunidade de explodir.

Então, quando olhei novamente para ela, desaparecendo aos poucos atrás de mim, não vi apenas uma avó em um Mustang azul. Vi... a mim mesma, talvez. Talvez você. Agraciada por Deus com uma quantidade imensa de poder, mas indo em frente em um ritmo espiritual de tartaruga, entrando em uma pista sem realmente deixar que Deus a leve a lugar algum. Trocando a aventura pelo que nos parece (ilusoriamente) controle completo. Em resultado, não só deixamos de sentir o vento do destino e fartura soprando *nossos* cabelos como também bloqueamos potencialmente o fluxo de bênçãos para os outros que vêm atrás de nós. Perdemos oportunidades de mostrar a nossos filhos e àqueles a quem ensinamos o que acontece quando o pé de Deus está no acelerador de nossa vida.

Fomos criados para *pisar no acelerador e deixar sem palavras* as pessoas quando elas veem o imenso poder de Deus operando dentro de nós. Nossos motores espirituais turbinados foram feitos para ronronar com a alegria e a força que ele fornece. Fomos concebidos para entrar no trânsito diário com a capacidade de alta octanagem, a incomparável paz e estabilidade, o poder sobrenatural de Deus — cada litro dele — correndo por nossos tubos de combustível.

Reconhecer quanto poder temos em nós e então operá-lo em plena capacidade —essa é a chave de experimentar o que Efésios 3.20-21 nos oferece.

Trabalho interno

Poder.

Você tem.

Se você crê em Cristo, teve desde o início.

No momento em que creu (Ef 1.13), recebeu o Espírito Santo. Ouviu isso? O Espírito do Deus Todo-Poderoso — completo, com potência suficiente para levá-lo vitoriosamente até a eternidade — habita neste exato instante em você e em mim como crentes em Cristo. Por favor, nunca passe por essa declaração sem valorizá-la adequadamente, mesmo que já a tenha ouvido um milhão de vezes antes. O próprio Deus veio residir sobrenaturalmente dentro de nós — toda a sua grandeza, magnificência, plenitude, capacidade.

Todo o poder dele.
Dentro de você. Dentro de mim.
Agora mesmo.

Que farsa seria deixar isso — deixar Deus — simplesmente ali. Sem explorar, sem usar. Mal roçando o poder dele, com medo de pisar fundo para ver o que ele pode fazer. Será que decidimos que nossa fé é melhor sem correr riscos, nas estradas espirituais secundárias, na pista lenta, quase nunca o deixando nos guiar a lugar algum além de à igreja no domingo?

Poder.
É o que temos.
Poder.

Pensei muito sobre você enquanto escrevia este capítulo. Perguntei-me se as circunstâncias que você pode estar enfrentando neste exato instante o fizeram se sentir impotente, até certo ponto. Só me perguntei isso porque sei quão impotente *eu* me sinto em alguns dias. É como quando algum de meus filhos de menos de oito anos tentava brigar com o pai deles. Era uma boa luta durante cerca de cinco minutos, mas depois de algum tempo Jerry os deixava exaustos e eles desabavam sob o amplo tórax do pai, incapazes de se mexer ou revidar. A vida às vezes faz isso com a gente. Faz a gente se sentir acabado, destruído, derrotado, querendo partir para outra. Mas sei, pelo testemunho da Palavra de Deus, que "poder" é algo que nunca devemos sentir que nos falta. Até se nos sentimos cansados, exaustos mesmo, não precisamos nos sentir impotentes. O poder de Deus não nega o cansaço; apenas nos possibilita abrir caminho através do obstáculo. Não importa quão grandes sejam nossos desafios, o poder de Deus em nós é maior ainda.

Paulo escreveu que o poder de Deus que se revolve e pulsa dentro de nós é um poder de "suprema grandeza" (Ef 1.19). É de "grandeza insuperável" (NVT), "incomparável grandeza" (NVI), "extraordinário" (BLT), "grandiosidade absoluta" (A Mensagem). Paulo, com efeito, declarou que todo seu ministério como apóstolo foi iniciado, estabelecido e animado pela "força operante do seu poder" (Ef 3.7). E, vejam só, o ministério de Paulo era do tipo que não deixava que nem uma temporada na prisão o derrubasse.

Estamos falando sobre mais poder do que conseguimos imaginar.

Deus Pai estendeu a mão do céu e ressuscitou seu Filho *dos mortos* com esse poder. Pense na quantidade de energia e força necessárias só para tirar seu adolescente da cama de manhã. Tente entender quanto poder seria necessário para erguer o cadáver ensanguentado, açoitado, enterrado de um homem que havia sido enrolado na mortalha há três dias! Dar-lhe nova vida em um novo corpo! Esse é o tipo de poder sobrenatural que há dentro de você neste exato instante, onde quer que você esteja, seja com o que for que esteja lidando (Ef 1.19-20).

Aqui está outro ponto a se considerar nessa linha. Lembra-se do capítulo 3, quando falamos sobre a *Verdade* desta afirmação: "Ele é poderoso para fazer"? Se você se lembra, eu lhe disse que a palavra que Paulo escolheu para descrever a capacidade e poder de Deus era o termo grego *dunamai*. A forma como ele empregou essa palavra com referência a nosso Deus denota um poder que é inerente ao seu proprietário. Em outras palavras, Paulo queria que soubéssemos que o poder não é apenas uma ferramenta que está nas mãos de Deus; o poder faz parte da própria natureza e caráter de Deus. É intrínseco, entremeado ao tecido de sua essência. Deus não *tem* poder; ele *é* poder. Ele é o *Todo-Poderoso*. O poder está embutido em sua pessoa, de modo a existir em um estoque infinito.

Isso significa que o vasto oceano do poder dele não tem limites. Não conhece limites. E é do estoque interminável, infinito, ilimitado, do caráter enraizado no poder de Deus que nós (sim, você e eu) extraímos nosso próprio poder. Somos fortalecidos "conforme" esse mesmo depósito de força profundo e rico. O poder que ele nos dá é proporcional à plena e ilimitada medida do poder divino *dele*. O poder dentro de nós é um reflexo de todo o poder que ele possui e está alinhado com ele.

Você recebe *tudo*.

Assim como eu.

E — desculpe, mas não posso deixar de divagar só por um instante, porque esse ponto me faz pensar em algo que pode lhe trazer uma boa dose de liberdade antes mesmo que você termine este capítulo.

Quando você o vê atuando na vida de outra pessoa ou

escuta um testemunho de como ele realizou um parto, cura ou restauração milagrosos para outra pessoa, jamais pense que ele esgotou todo o seu poder nela e que nada restou para você. Como o poder de Deus é intrínseco ao caráter dele, nunca pode diminuir nem se esgotar. A capacidade exibida na vida de outros não é um dreno ou abatimento do poder dele. Deus continua sendo mais do que suficiente para lidar com sua situação também.

O poder de Deus não é um jogo em que se perde ou se ganha, em que um benefício que ele gasta com uma pessoa ou situação é subtraído de você e dos outros. A razão pela qual podemos nos alegrar "com os que se alegram" (Rm 12.15) livremente — sem inveja, desânimo ou (vamos lá, admita) sofrimento, raiva ou tristeza secretos — é porque Deus não está menos poderoso agora do que era antes de ter feito o que fez por essa outra pessoa. Ele é Todo-Poderoso, o tempo todo.

Inesgotável.

Contínuo.

Infinito.

Eterno.

Esse estoque inexorável de poder é o poço sem fundo ao qual recorremos.

É possível, é claro, ter todo esse poder e este não estar "funcionando". (Pense na mulher dirigindo o Mustang.) Por que outra razão Paulo especificaria "poder que opera em nós"? O poder do Espírito Santo pode estar em você, pronto para ser utilizado, contudo permanecer inativo e amplamente inexplorado.

É semelhante a como você pode levar para casa uma

daquelas maravilhosas cafeteiras Nespresso (com a qual eu nem confirmo nem nego me deleitar todas as manhãs) e aí nunca a ligar. O aparelho é plenamente capaz de executar uma série de funções excelentes para preparar o café. Sabores deliciosos estão armazenados ali apenas esperando para serem desfrutados. Entretanto, se você nunca a ligar na tomada ou apertar o botão de início, ela não encherá a xícara com nenhuma gostosura espumante e quente, não importa *que outros* botões você aperte. Não vai funcionar até você acionar o poder da forma correta.

Você pode ficar embaixo do chuveiro a tarde toda, sem sair dali, esperando ficar limpo e revigorado, mas sairá dali na mesma condição malcheirosa de antes se nunca abrir a torneira (o que sei, em primeira mão, que é possível, porque sou mãe de três filhos).

Você pode admirar o aspecto aconchegante e as superfícies limpas de sua lareira a gás, mas ela nunca aquecerá a sala em uma noite fria a não ser que você acenda o piloto. Sua empresa local de serviços pode estar fornecendo corrente elétrica fielmente para sua casa, mas, a não ser que você aperte o interruptor dentro do quarto, você continuará no escuro, operando primitivamente à luz de velas, independentemente de quantos quilowatts-horas estejam disponíveis a você.

Poder.

Poder que não está funcionando.

É possível.

Sim, podemos ter poder de Deus dentro de nós e não o usar, não o colocar para funcionar. Ainda que ele seja poderoso para fazer "infinitamente além de tudo o que pedimos ou pensamos", temos o poder de deixar que todo o poder *dele* fique adormecido em nossa vida ao não ligar o interruptor.

Essa é a chave — ligar o interruptor do poder de Deus dentro de nós.

Então como fazemos isso?

Fazemos isso respondendo em obediência à voz de Deus, submetendo-nos ao julgamento de seu Espírito e operando sob sua liderança em nossa vida. Quanto mais deixamos que o Espírito guie nossa vida (Gl 5.16-25), recusando-nos a ceder à carne, mais o poder e influência de Deus crescem e amadurecem em nós. Em resultado, vemos cada vez mais o poder do Espírito começar a "operar" em nossa vida. Logo notamos o fruto do Espírito brotando de nossa vida e as dádivas de seu Espírito edificando o corpo dele através de nós.

E então — ah, então! —, em resposta ao poder operando em nossa vida e em conjunção com ele, começaremos a ver a atividade de Deus "infinitamente além". Quanto mais poder de Deus nós ativamos ligando o interruptor e quanto mais funcional ele se torna, mais experimentaremos a obra de Deus em nossas circunstâncias. O primeiro é pré-requisito para o seguinte.

Então, antes de você continuar a ler, faça uma breve pausa e ore perguntando a si mesmo se está estorvando o fluxo do poder de Deus em sua vida:

* Há alguma área em que você não vem obedecendo à Palavra de Deus, em que você não vem seguindo a orientação de Deus?

* Você está, em algum aspecto, ignorando o julgamento do Espírito?
* Você está escolhendo constantemente se deixar guiar pelo Espírito em vez de ceder aos desejos da carne?

Perguntas como essas podem ser difíceis de responder, entendo, mas é crucial que o façamos, porque elas não foram concebidas para mera reflexão pessoal. Elas representam o fio de prumo do poder. Revelam-nos onde a paz, a força, a coragem e o autocontrole que desejamos — e possivelmente não temos — estão esperando para irromper em nossa vida diária.

Deus se fez disponível para nós — *todo* ele, por meio de Cristo e sua cruz, por meio de Cristo e seu túmulo vazio. Ele está aqui conosco. Seu poder está disponível para nós. Então por que adiaríamos ou reduziríamos o fluxo dele para nós por meio do evitável bloqueio e interrupção provocados pela desobediência?

Deus não está escondendo seu poder de nós atrás das costas. Ele nos contou claramente o que o liberará. A única questão que precisamos considerar é que efeito desejamos mais: nossas preferências pessoais ou o incomparável poder dele. Porque, em muitos casos, não podemos ter a ambos.

Encha até a borda

Se não tivermos cuidado, podemos rapidamente cair no hábito de ver apenas pitadas da atividade de Deus acontecendo em nossa vida e começar a considerar isso normal. Achamos que as coisas pequenas são as únicas que Deus é poderoso para fazer, porque elas são tudo o que já o vimos fazer. Então andamos até a margem da capacidade dele, carregando nossos copinhos e potinhos, mergulhando nossos pequenos dedais de expectativa no oceano de sua vasta grandeza. Achamos que isso é tudo o que podemos esperar, portanto é só isso o que levamos. Então ficamos decepcionados e desanimados quando experimentamos apenas um dedal da atividade de Deus em nossa vida. Geralmente é nesse ponto que o acusamos e culpamos: *Deus, não deves ser realmente poderoso. Deus, não deves ser realmente bom.* Mas, sinceramente, recebemos exatamente o que esperávamos. Ele não costuma nos dar mais do que a capacidade que levamos a ele permite.

Leva um dedal? Enche um dedal.

Porém, se chegamos ao oceano do poder imensurável de Deus levando nossos carrinhos de mão e baldes de vinte litros, é exatamente a quantidade de poder de Deus que experimentaremos.

Leva um balde? Enche um balde.

Leva um carrinho de mão? Enche um carrinho de mão.

Leva um navio-tanque de duas toneladas? Enche um navio-tanque de duas toneladas.

O volume que se leva é o volume que se receberá. O que esse volume fará por você? Quanto mais poder de Deus operando em sua vida, maior sua capacidade e oportunidade de experimentá-lo.

Ao longo de minha vida, o Senhor me permitiu ouvir sobre alguns milagres impressionantes, épicos, de cair o queixo, que ele realizou na vida de outros. Não estou falando de histórias que li em livros ou de boatos que ouvi por aí. Quero dizer pessoas reais, do século 21, com quem conversei pessoalmente, pessoas que me fizeram testemunhos em primeira mão que me deixaram toda arrepiada. A experiência delas com Deus foi grandiosa e incrível. Impressionante.

Milagres do tamanho de um navio-tanque de duas toneladas.

Com cada um desses indivíduos, notei um ponto em comum. Eles confiavam firme e sistematicamente no Espírito de Deus. Seguiam-no fielmente a níveis extremos de obediência. E estavam dispostos a se arriscar com base na fé nas ordens de Deus. Com esses tipos de interruptores ligados — esses tipos de "recipientes" abrindo espaço para a capacidade de Deus —, eles se viram em posições privilegiadas para experimentar uma grande medida da atividade de Deus.

Deus quer que levemos nossos caminhões até o oceano e arrendemos equipamentos pesados de transporte. Melhor ainda, quer que venhamos viver aqui — onde possamos nos jogar como balas de canhão dentro do abismo profundo, esvaziando-nos de toda dúvida e inibição, e vivamos completamente imersos no poder que ele nos tornou disponível. Quanto mais completa e sistematicamente você acolhe o poder do Espírito em sua vida, mais sua capacidade de experimentar a Deus se amplia. Ele é fiel e preencherá o que você levar para receber.

Energizado

Essa importantíssima questão do poder operando dentro de nós possui implicações que são mais profundas e amplas do que pensamos. Atinge verdadeiramente tudo na vida. Produz mudanças em nós que são tão milagrosas quanto qualquer mudança em nossas circunstâncias poderiam ser.

Se você olhar com cuidado — além do marco no meio de Efésios onde a doxologia de Paulo aparece —, verá que os capítulos e versículos restantes no livro estão todos ligados. O quarto capítulo se inicia com a palavra "Portanto...". Sempre que nos deparamos com a palavra *portanto* nas Escrituras, *por tanto* cuidado demonstrado na escolha das palavras bíblicas, devemos reservar um minuto para analisar o que ela está fazendo ali.

Portanto o quê?

Portanto, por causa da capacidade de Deus de operar dentro de seu coração — por causa de tudo que está contido nos capítulos e versículos que levam à declaração de que "Deus É Poderoso" de Efésios 3.20–21—, vocês recebem o poder de viver "de maneira digna da vocação a que foram chamados" (Ef 4.1). Vocês recebem o poder de experimentar o tipo de mudança dentro de vocês que começa a mudar as coisas a seu redor.

O poder dele pode transformar suas reações e respostas, inspirando em você expressões reais de humildade, mansidão, amor e longanimidade (Ef 4.2-5), mesmo naqueles tempos em que você é incompreendido, ignorado ou absolutamente traído.

Pode transformar sua contribuição ao corpo dele, fluindo através dos dons que ele colocou dentro de você, para que você possa servi-lo, servir sua igreja e servir seus companheiros crentes de uma forma que realize os propósitos dele para você e produza unidade e fruto espiritual nesse processo — ao mesmo tempo que o mantém humildemente satisfeito. E tudo para a glória de Deus (Ef 4.11-16).

Pode transformar seu caráter, contendo-lhe a língua, reprimindo-lhe a raiva, tornando-o escrupulosamente honesto, ajudando-o a conceder o verdadeiro perdão, purificando-o sexualmente e mostrando-lhe como se tornar a mesma pessoa em particular que você alega ser em público (Ef 4.25-32). Isso é o poder de Deus operando em você.

Pode transformar seu lar, vida profissional, reputação, restaurar o desejo por seu marido, renovar o amor por sua esposa, remoldar seu casamento em um que honre a Deus, não porque você tenha alcançado a perfeição, mas por causa do coração da graça que você compartilha com os outros (Ef 5.22-33). O poder dele pode também levá-lo a criar os filhos com responsabilidade amorosa e atenciosa, executar o trabalho com empenho e integridade, tratar os empregados com compreensão e liderança baseada no caráter (Ef 6.1-8).

Tudo isso é nosso quando começamos a colocar o poder dentro de nós em ação.

Quando se pensa realmente sobre isso, muito do que pedimos que Deus transforme — talvez até as circunstâncias do *Problema* de sua vida — pode simplesmente cair dentro do âmbito de uma daquelas categorias que Paulo mencionou na segunda metade de Efésios. Sério. Para muitas das coisas que pedimos para Deus mudar ele já nos deu a chave para ao menos iniciar o processo de transformação: seu poder inigualável, incomparável, incrível. Uma simples decisão de reconhecer e utilizar o poder que Deus já colocou dentro de nós geraria um efeito de onda desconcertante de implicações sobre cada área de nossa vida.

É fácil para nós passar a maior parte do tempo tratando sintomas, remendando áreas problemáticas, encobrindo problemas, indo em frente, pedindo a Deus por soluções que o poder dele já nos deu a capacidade de resolver. Se começássemos realmente a operar com o poder que ele nos concedeu, deixando que ele verdadeiramente depurasse nosso pensamentos e ações até que ficassem profundamente limpos, pergunto-me quantos de nossos problemas externos, superficiais se resolveriam.

Só estou perguntando...

Essa é a função do *portanto* ali. Paulo queria nos falar de todas as coisas que podem ser transformadas em nossa vida e tudo o que temos o potencial de nos tornar se colocarmos o poder turbo de Efésios 3.20-21 para funcionar.

"Portanto", vamos começar a viver como as pessoas poderosas que somos.

Sejamos "fortalecidos no Senhor e na força do seu poder" (Ef 6.10).

Isso significa guerra

Certa manhã, cedo, muitos anos atrás, quando os meninos eram pequenos, eu estava diante de uma frigideira na cozinha, espátula na mão, mexendo devagar os ovos ao fogão. O ruído de pezinhos atrás de mim quando se iniciou a correria do início da manhã se seguiu — roupas a vestir, dentes a escovar, mochilas a colocar no banco traseiro do carro. Enquanto isso, eu estava encarregada de encher as barrigas: café da manhã no momento e lanche na merenda para mais tarde.

Logo, dois garotinhos se sentaram nos bancos atrás de mim no canto da cozinha esperando pelo café da manhã. O bebê ainda dormia no berço. Servi ovos, bacon e uma fatia de torrada com canela em um prato, coloquei-o diante de um dos filhos, depois voltei ao fogão para preparar o próximo.

Apenas alguns instantes depois — segundos, na verdade, um tempo em que nem daria para ele ter dado mais do que uma mordida ou duas —, ele desferiu uma pergunta de um milhão de dólares que me atingiu nas costas com um baque notável.

— Mamãe... alguma vez eu vou estar numa guerra?

Como é que é? Sabe como é com crianças e perguntas. A gente aprende a nunca se surpreender. E, no entanto, às vezes não tem como não ficar surpresa. Talvez ele tivesse acordado naquela manhã em meio a um sonho maluco, com uma sequência de batalhas, e sua imaginação nebulosa ainda estivesse lutando com aquela ideia. Talvez ele, na verdade, estivesse ruminando naquela questão em seu âmago havia algum tempo, sem falar nada. Ou talvez (não sei), talvez um profundo sussurro de Deus houvesse acabado de entrar em sua alma, bem ali diante do prato de ovos mexidos.

De onde quer que tenha vindo, ela veio.

Meu filho. Um soldado?

Refleti sobre a questão só o tempo suficiente para lançar-lhe um sorriso de esguelha, depois uma sobrancelha franzida, então uma risada nervosa quando notei que o irmão dele lhe lançava o mesmo olhar vago e curioso que eu.

— Filho, do que está falando? — perguntei, tão tranquila quanto possível.

Mas, não, ele estava sério. Preocupado mesmo, como testemunhava sua expressão melancólica, o garfo imóvel na mão, um pedaço de alimento comido pela metade ainda amontoado dentro de uma bochecha.

— Queria saber se algum dia vou estar numa guerra — repetiu ele. — Como numa guerra contra... contra Satanás?

Espere... *como assim?* Estudo bíblico? No café da manhã? Eu não estava preparada.

Mas ele não ia deixar passar. Ele realmente queria saber.

Tipo, agora.

Aquele era o mesmo menino que geralmente usava uma capa de super-herói para ir à quitanda. Um menino que frequentemente manejava um sabre de luz de Guerra nas Estrelas na hora de brincar. Como uma mãe responde a uma pergunta espiritualmente complexa como essa de um modo que uma criança possa entender — ainda mais às sete da manhã diante de ovos mexidos?

Assim, enquanto atravessei a cozinha com o outro prato na mão, levei como acompanhamento também uma oração. O prato foi para meu outro filho; a oração foi para meu Pai. Senti o coração bater mais rápido e mais alto, ecoando em meus ouvidos. Então cada batida começou a formar uma resposta firme e séria. Falei:

— *Filho, você está em uma batalha. Já. Vocês dois estão.*

E como sabemos disso!

E nunca o superamos.

O que eu disse a eles é o que quero dizer a você. Nossa vida é uma longa batalha depois da outra, travada contra o mesmo inimigo que vem tentando nos destruir desde o momento em que saímos do útero de nossa mãe. Sentimos a batalha em nosso lar, em nossos relacionamentos, em nosso corpo, em nossa mente. Ouvimos os insultos desafiando nossas atitudes, nossas reações, nossos impulsos, nosso trabalho ético. A batalha toma a forma de discussões, silêncios, lágrimas e traições. Nós a percebemos em tudo, desde o tamanho de nossas porções até nossos hábitos nas redes sociais. É ao mesmo tempo todos os dias e de repente.

Lutas. Frustrações. Fissuras. Pressões.

A batalha.

A guerra espiritual.

Essa batalha sobre a qual meu filho perguntava — a mesma batalha que você e eu enfrentamos todos os dias de nossa vida — "não é contra o sangue e a carne, mas contra os principados e as potestades, contra os dominadores deste mundo tenebroso, contra as forças espirituais do mal, nas regiões celestiais" (Ef 6.12). Contra Satanás. Contra a violenta oposição espiritual.

E, no entanto, mesmo com todo esse poder militar reunido em formação de batalha contra nós, não somos derrotados... porque temos a armadura: "toda a armadura de Deus" ao nosso lado, à nossa frente e às nossas costas (Ef 6.11). Verdade para combater as mentiras. Justiça dada pela graça para lutar contra a culpa e o remorso. Paz para lutar contra a impaciência. Fé para lutar contra os ataques sorrateiros da dúvida. E, acima de tudo, redenção e o Espírito para garantir a vitória eterna.

Temos poder.

— Mesmo? — indagou meu Super-Homem com um sorriso. — Nós temos armadura? E armas?

— Sim, meu amor. E poder.

Poder para lutar.

Poder para vencer.

Agora, a ele que é poderoso
para fazer infinitamente além
de tudo o que pedimos ou pensamos,
**CONFORME O SEU PODER QUE
OPERA EM NÓS,**
a ele seja a glória, na igreja e em
Cristo Jesus, por todas as gerações,
para todo o sempre. Amém!

7

Tributo

"... a ele seja a glória..."

Ao chegarmos à frase final na doxologia de Paulo sobre a "capacidade de ir além" de Deus, fico maravilhada de ver como Deus multiplica suas bênçãos. Quando ele entra em nossa vida, não se detém depois de fazer apenas um milagre, uma vez, de um jeito, para um propósito. As ricas capacidades e possibilidades da atividade de Deus nos colocam em um maremoto de bênçãos. Ele não faz nada sem fazer um monte de coisas ao mesmo tempo, resultando em maravilhas que reverberam no tempo e em gerações futuras.

Então me permitam voltar um pouco algumas páginas. Lembram-se da nossa pizza? Estamos na borda agora. A parte maior. A parte que segura tudo junto. A parte que contorna todas as camadas de gostosura, sabor e tempero, dando-nos um local para segurar e experimentar plenamente o que estávamos descobrindo todo esse tempo.

Tenho consciência de que a borda pode não ser a parte favorita de todos. Quero dizer, realmente não é por causa dela que a maioria das pessoas compra pizza.

Às vezes a borda é de um gosto e textura a que você precisa se acostumar. Vi meus filhos, por exemplo, devorar sofregamente a parte de calabresa e queijo da pizza, mordiscando até a parte crocante, e depois empilhando as bordas no prato como ossos de carneiro em um banquete de Robin Hood. Escombros de pizza.

E às vezes enfocamos nosso relacionamento com Deus da mesma forma. Quando chegamos até ele, queremos ser saciados, satisfeitos e nos sentir bem de novo porque nos magoamos, estamos necessitados, famintos ou desesperados. Queremos a parte com queijo, oleosa, grudenta. A parte atraente, que dá água na boca. Queremos que nossa oração seja atendida de um modo espantoso, de arregalar os olhos. Queremos ser lembrados de que ele nos ama, cuida de nós e sabe contra o que lutamos. E, felizmente, ele fica encantado em nos demonstrar sua afeição, porque somos seus filhos.

Entretanto, quando nosso Pai demonstra ser "além de" poderoso em nossa vida, podemos ter certeza de que ele está pensando em algo muito maior do que apenas atender esta necessidade neste dia. Sempre que ele elimina um de nossos desafios ou obstáculos, sempre que reorganiza toda a forma como nosso coração sente, se comporta e obedece em determinada situação, ele está realizando o que pedimos dele e mais.

Muito, muito mais.

Mais do que podemos pedir.

Ou pensar.

Glorificado seja

Quando Deus atraiu nosso coração a se associar com ele, quando aplicou o sangue de Cristo a nossa montanha de iniquidade, essa "Boa-Nova" podia facilmente ter sido suficiente para nós por toda uma vida, resgatando-nos da punição que nossa rebelião merecia tão justamente. Salvando-nos da destruição eterna.

Mas isso não foi tudo o que ele fez. Segundo Efésios 2.6-7, ele não apenas salvou nossa alma do inferno como também "juntamente com ele nos ressuscitou e com ele nos fez assentar nas regiões celestiais em Cristo Jesus".

Com ele.
Nos fez assentar.
Nas regiões celestiais.

Isso é bem mais do que um cartão de "saída do inferno". É um convite impresso para a cabeceira da mesa. É um privilégio e oportunidade indescritíveis — para pessoas como nós, que sabemos o que fizemos.

Porém mesmo isso não é tudo. Aqueles mesmos versículos em Efésios 2 também nos dizem que Deus considera nosso resgate — sua transferência da divina graça para nossa conta irremediavelmente em dívida — como uma de suas realizações valorosas. Ele está tão orgulhoso do que fez conosco — por nos ter resgatado e salvado — que por todos os "tempos vindouros" estará nos levando a todos os lugares, exibindo-nos, permitindo que nossa vida dê testemunho instigante e duradouro de sua bondade, poder, amor, capacidade.

Sua glória.

"A ele seja a glória ..."
É o que Paulo diz.

Precisamos de um lembrete bom e saudável de vez em quando — cada um de nós precisa — de que a vida não se refere apenas a nós e ao nosso, ao eu e ao meu. Sim, Deus em sua providência atribuiu um valor profundo a você e a mim. E, sim, nossa vida importa. Nossas preocupações o afetam. Ele escolheu, por sua grande compaixão, nos elevar a uma altura de dignidade e importância.

Mas vamos ser absolutamente claros a esse respeito. No final das contas, toda a nossa vida diz respeito a *Deus*.

* Existimos hoje para sua fama.
* Somos exemplos de sua paciência e resignação.
* Damos testemunho de como é seu amor e do que ele pode fazer.
* Honramos seu nome com nossa vida e presença vivente.
* Estamos aqui por ele. Estamos aqui para o prazer dele.
* Para seu louvor e glória.

Então, quando recorremos a ele com nossas necessidades e pedidos, com nossos sofrimentos e anseios, uma das maiores razões pelas quais podemos ter tanta confiança nele é porque — vamos dizer de uma vez — Deus está recebendo glória quando age em nosso benefício. De uma forma ou de outra. Você pode contar com isso.

Quando ele estendeu o tapete de terra sob nossos pés e expandiu o céu lá em cima com toda o seu brilho estrelado, ele o estava fazendo principalmente para proclamar sua glória (Sl 19.1). Quando ele providenciou alimento do céu para sustentar seu povo no deserto, ele o fez para alimentá-los, mas também para maravilhá-los com sua glória (Êx 16.7). Quando enviou seu Filho a nós como um bebê, foi para redimir seus filhos perdidos, sim, mas foi, no final das contas, com o propósito de receber "glória a Deus nas maiores alturas" (Lc 2.14). Pois, verdadeiramente, o que vemos em Cristo, acima de tudo, é a glória de Deus — "E o Verbo se fez carne e habitou entre nós, cheio de graça e de verdade, e vimos a sua glória, glória como do unigênito do Pai" (Jo 1.14).

A capacidade dele em nossas circunstâncias é pessoal, mas também perpétua.

Ela continua nos presenteando e se multiplicando, pagando tributos a Deus muito tempo depois que o milagre em si ocorreu.

Quando Jesus recebeu a triste notícia da saúde em declínio de seu amigo Lázaro, disse aos discípulos: "Essa doença não é para morte, mas *para a glória de Deus*, a fim de que o Filho de Deus seja glorificado por meio dela" (Jo 11.4, grifos meus). E, ainda hoje, tudo o que ele restaura, reaviva e ressuscita em nossa vida é especificamente projetado para exibir o poder dele, para lhe dar glória. Todas as vezes. A razão pela qual ele vai "infinitamente além de tudo o que pedimos ou pensamos" não é apenas porque ele nos ama e quer resolver esse problema para nós. Ele também deseja receber glória.

Ajuda-nos, ó Deus da nossa salvação,
pela glória do teu nome;
e livra-nos e perdoa os nossos pecados,
por amor do teu nome.

Salmos 79.9

Quando olhamos para a vida — toda ela, no geral —, deve ser assim que a vemos. Somos um meio andante e falante de glorificar a Deus. No frigir dos ovos (ou na borda da pizza), isso é o que conta.

Pense nisso desta forma: quando pecamos deliberadamente e rejeitamos o pastoreio amoroso de Deus sobre nossa vida, os maiores custos para nós não são apenas as consequências que sofremos, mas os casos diários em que poderíamos estar dando glória a ele e não o fizemos. O que arriscamos acima de tudo com nossas orações ralas e desatentas, ou falta de oração, é a oportunidade de participar ativamente no que ele está fazendo para o nosso bem *e a glória dele*.

De algum modo, achamos que, ao não nos permitir crer ou esperar de modo exagerado, estamos nos dando um plano de emergência. Achamos que estamos ajudando a Deus não o encurralando em um beco sem saída onde, se ele não respondesse, transmitiria uma má impressão. Estamos protegendo nosso coração e amigos ou filhos que nos observam da decepção, do desânimo, de achar que Deus é indiferente e insensível. Não: o que estamos fazendo é vendendo barato sua glória por uma ninharia.

Entretanto, quando nossos olhos se dirigem aos pedidos de nossa oração e veem não apenas uma oportunidade de alívio pessoal, mas também uma abertura para Deus irromper em merecida glória, estamos falando a linguagem do coração dele. Estamos deixando esse problema ou questão fazer o que Deus queria realizar desde o início, quando permitiu que ele entrasse em nossa vida: exibir sua capacidade, destacar sua força, invocar as chuvas curativas de sua contínua glória.

Deus não tende a agir com poder e magnificência para conosco se não há implicada nenhuma glória para ele (Tg 4.3). Mas imagine só nós e nossas velhas necessidades sendo incumbidos pelo Deus Todo-Poderoso do propósito de dar tributo ao seu poder. Isso é forte. Isso muda todo o cenário. Esse problema que conflitava com tudo, destacava-se como um polegar machucado — era tudo o que você via. Entretanto, quando você vira a cabeça de certa forma e muda um pouquinho de perspectiva, ele parece estranhamente diferente. Embora ainda seja bastante evidente, parece guardar alguma promessa.

É um criador de glória, não apenas um criador de encrencas.

Se não é assim que você está vendo as coisas ultimamente, entendo. Creia em mim, você não é o único. Todos nós, se formos realmente sinceros, ficamos mais tempo sentindo pena de nós mesmos do que nos sentindo privilegiados por sermos os jarros quebrados para o uso e a glória de Deus.

Porém hoje é um novo dia — uma oportunidade de começar tudo de novo, sabendo que ele ainda é poderoso para operar com nossas falhas e falta de fé, com nossas fraquezas e necessidades. Na verdade, ele ama fazer isso.

Para ele é só outro dia no processo de obter glória. Todas as vezes que ele nos conduz a um lugar de rendição total, com tudo oferecido a ele para seu uso, o que estamos vendo realmente é a obra de Deus, porque somente ele é poderoso para fazer esse tipo de mudança nesse tipo de coração. Somente ele pode transformar nosso tipo de problema no mais incrível tipo de adoração.

E há apenas uma coisa a dizer sobre isso.

A ele seja a glória.

Quando a glória vai para a igreja

Algum tempo atrás, um bilionário aqui na cidade construiu um prédio novinho em folha para seu time de futebol americano. O AT&T Stadium, em Arlington, Texas, é uma construção prateada reluzente para a glória dos Dallas Cowboys e para o homem que o criou, bem no meio de uma economia em depressão.

Lembro-me nitidamente do ano em que foi inaugurado, porque naquela temporada ele sediou o Super Bowl, que é para ser uma experiência festiva, de celebração, de recreação para os torcedores e jornalistas que participam. Pense em Miami. Pense em New Orleans. Pense em Pasadena, Califórnia. Era o que todos estavam esperando encontrar daquela vez também. Afinal, os invernos em Dallas costumam ser suaves, sem longos episódios de temperaturas congelantes ou neve. Mas aquele ano em particular foi diferente. Os fãs de futebol americano que haviam pagado altos preços pelas viagens e ingressos para o Super Bowl também tiveram de colocar na bagagem suas ceroulas e casacos pesados, porque uma tempestade de inverno monstruosa caiu em Dallas na última semana de janeiro e não arrefeceu durante dias, quase até o pontapé inicial.

Entretanto, mesmo naquele dia gelado, mais de oitenta mil torcedores convergiram para o local para aglomerar-se ao redor de barracas, trocar insultos e desfrutar do espetáculo de futebol americano da NFL. Assentos extras permitiram que o estádio acomodasse entre dez e quinze mil mais espectadores. Ouvi dizer que chegaram a vender ingressos que só permitiam que as pessoas assistissem ao jogo pelos telões nos corredores — ou mesmo do lado de fora, só para ficar perto do estádio enquanto o jogo se desenrolava.

Quando a glória daquele local está em plena exibição, as pessoas vêm de todos os lugares para vê-lo.

Imagine, contudo, se não fosse assim. O que aconteceria se, depois de todo aquele trabalho e investimento, depois de todos aqueles gastos e extravagâncias do proprietário, ninguém aparecesse para assistir ao que estava acontecendo? Se ninguém anunciasse ou imprimisse ingressos? Todos ficariam em casa e encontrariam outras coisas para fazer. Os times chegariam, os treinadores chegariam, os árbitros chegariam, o jogo aconteceria, mas ninguém o veria. Ninguém reconheceria a enormidade do que estava acontecendo ali.

Impensável.

Então por que deveríamos nos surpreender de que, quando Deus opera, ele mereça uma plateia também? Quando Deus opera em você, sua glória exige que os outros saibam disso. Quando ele opera neles, sua glória exige que você saiba disso.

Por isso ele nos leva para a igreja. Dentro da família e irmandade de nossa congregação local, assim como na igreja maior em geral (o povo de Deus unido em Cristo em todas as culturas, países e correntes denominacionais de sua igreja), ele estabeleceu uma plateia para sua capacidade. Quando sua atividade milagrosa de atendimento a nossas necessidades ocorre em nossa vida, ele tenciona usá-la para a construção da fé como evidência de seu poder entre aqueles que nos ouvem contá-la e nos veem transformados por ela.

"A ele seja a glória", diz a Bíblia, *"na igreja..."*

Entre os muitos ímãs que atraem as pessoas para Cristo estão os múltiplos testemunhos do trabalho dele na vida de seu povo. Sua glória deve ser exibida, não apenas para nós mesmos em nossas salas de estar, não apenas em nosso benefício e admiração pessoal, mas em toda a igreja. Pense: se ele recebe glória de nós individualmente mostrando-se forte em nossa vida, que tipo de glória ele deve receber quando vem a ele de dezenas, centenas, talvez milhares de outros, todos ao mesmo tempo?

Esse é o tipo de tributo que ele espera e merece receber de seu investimento em nós. Esse é o tipo de glória que ribomba como um trovão em nosso coração quando estamos por perto, quando as pessoas estão relatando-a e vivendo-a. Não a ouvimos apenas no fone de ouvido. Nós a sentimos batendo em nossos pés e formigando em todo o nosso corpo. Nós a experimentamos no contexto da amizade compartilhada, não meramente a sós no carro com as janelas fechadas.

E, lembre-se, o âmbito do que pode ser considerado atividade de Deus em nossa vida — o tipo que é digno da celebração na igreja e nas conversas em cafés — não se restringe a milagres longos como um filme. Cada exemplo da graça, compaixão, bondade e tolerância de Deus é digno de aplauso. De se contar aos amigos. De se contar ao grupo de estudos bíblicos. De explicar aos vizinhos, colegas de trabalho e de exercícios físicos.

Nós, como membros de sua família comprados com sangue, podemos ressaltar a capacidade dele em qualquer lugar que vamos e esperar que ele chame atenção para sua glória.

Na igreja.

Isso me lembra de um pastor cujo telefone tocou certa noite depois que ele foi para a cama. Emergência: o prédio da igreja estava pegando fogo. Então ele se vestiu às pressas, correu para o local e, não havia dúvida, toda a estrutura estava engolfada pelas chamas. Os bombeiros já vestidos a caráter e em ação. As pessoas na vizinhança, ouvindo as sirenes e o alvoroço, haviam saído de suas casas para assistir ao drama pessoalmente das ruas e jardins próximos. E, quanto mais as labaredas se intensificavam, mais gente ficava sabendo e aparecia, com o coração pesado e assustado, para assistir. Toda a área ficou apinhada de observadores.

Alguém que estava perto do pastor, olhando para a multidão reunida ao redor, falou, meio que para si mesmo:

— Puxa, acho que nunca vi tanta gente na igreja antes.

O pastor, ainda olhando fixo em frente, só conseguiu pensar em uma resposta:

— Verdade. Essa igreja nunca foi assim tão *inflamada*.

Quando nos tornamos um grupo reunido de irmãos e irmãs testificando — orando verdadeiramente, crendo verdadeiramente, apoindo verdadeiramente um ao outro, exultando verdadeiramente —, o mundo a nosso redor não conseguirá deixar de saber sobre isso e se reunir ao redor para vê-lo. Para ver o fogo sagrado ardendo nela.

E Deus no céu se deleitará em glória, depois atrairá todas as pessoas para si.

Agora e sempre

"A ele seja a glória..."

"... na igreja..."

"... e em Cristo Jesus..."

E mais ainda: o tributo continua "por todas as gerações, para todo o sempre".

Paulo finalmente coloca um ponto final na extremidade dessa sentença gloriosa, sem pausas, mas não antes de ampliar a extensão de sua glória até os horizontes mais longínquos. Além de nós mesmos. Além de nossos problemas, necessidades, mágoas e desejos. Além até da duração de nossa vida.

Para todo o sempre.

Tenho certeza de que você levou seu pedido mais recente ao Pai em alguma hora ao longo deste dia, talvez diversas vezes. Talvez no início desta manhã. Talvez enquanto dirigia para o trabalho, ou de volta para casa, ou entre suas várias paradas e compromissos. Talvez tenha sido no fim da tarde, ao fazer uma oração ao Pai sob o tranquilo manto da escuridão, antes do que se transformou em outra longa noite de preocupação e aflição.

Sempre que você e eu abordamos Deus em busca de ajuda, cheios de preocupações e sofrimentos, nossas orações não se confinam a esta data no calendário, a este mês e ano específicos. O que pode parecer da parte de Deus silêncio e evasão de onde você se encontra hoje já está reverberando em locais futuros. Se não exatamente aqui, se não exatamente agora, você pode ter certeza de que a capacidade dele está assumindo uma forma visível, tangível em algum lugar, mesmo que seja além do âmbito da sua linha de visão atual.

Você e eu estamos vivendo este minuto em um ponto minúsculo do tempo dentro de um vasto mar de momentos divinos. E o efeito cascata da oração de hoje, da fé de hoje — do *agora* de hoje — se propaga em todas as direções por toda a eternidade, colidindo com algo aqui, afetando algo lá, tudo sob o olhar vigilante e o conhecimento soberano de Deus. Todas as vezes que recorremos a ele, todas as vezes que confiamos, todas as vezes que levamos nosso todo para a grandeza inigualável do todo *dele*, vemo-nos instantaneamente conectados a todos os fusos horários futuros em que a capacidade dele vive. Conectamo-nos através de gerações onde ele já está operando, no tempo presente, para tornar sua glória conhecida.

Pensando retroativamente, é lá que esses dois versículos vinham nos levando o tempo todo — do atual pontinho de tempo que chamamos hoje (nosso "agora") com todas as suas necessidades e batalhas prementes, até a majestosa extensão da capacidade de Deus que flui até as bordas invisíveis da eternidade. Esse é o poder que ele é poderoso para canalizar não somente para nossa vida diária, mas para nosso futuro, para nossos filhos, netos e bisnetos, para nossas igrejas, para nossas nações, para todo instante que a presença dele preenche.

Que milagre que possamos confiar na capacidade de Deus, que possamos ficar sentados ou em pé neste lugar e ser parte do que ele está fazendo em todos os lugares, que possamos estender nossa fé, até nossas necessidades, e dar a ele a honra, a glória —o tributo — que ele merece.

Para todo o sempre.

Por todas as gerações.

Amém.

Agora, a ele que é poderoso para fazer infinitamente além de tudo o que pedimos ou pensamos, conforme o seu poder que opera em nós, **A ELE SEJA A GLÓRIA, NA IGREJA E EM CRISTO JESUS, POR TODAS AS GERAÇÕES, PARA TODO O SEMPRE. AMÉM!**

Finalmente

Conte tudo

Foi no dia antes da véspera de ano-novo de 2019 — o dia antes do meu aniversário — que minha mãe, a dra. Lois Evans, partiu para o céu. Ela estava deitada em meu colo e cercada por nós, os quatro filhos e nosso pai, quando deu o último suspiro.

Embora soubéssemos que isso estava para acontecer, a agonia do momento real foi terrível.

Havíamos lutado longa e intensamente pela cura dela. Passamos muitos dias de cada semana e muitas horas de cada dia lutando ativamente contra o câncer que destruíra cada vez mais o corpo dela ao longo do ano anterior. Havíamos percorrido todo caminho médico e holístico que nos estava disponível, mas ainda assim o câncer continuou a se espalhar.

Guerreiros vigilantes em oração cercavam nosso lar todos os dias à tarde — andando ao redor da casa, orando as promessas de Deus para mamãe, suplicando ao Pai que a curasse milagrosamente.

Pedindo-lhe que fizesse o que Efésios 3.20-21 diz que ele é poderoso para fazer.

E, apesar disso, ao final, ele escolheu não curar minha mãe deste lado da eternidade. Ela se foi, e nosso coração se partiu.

Mas o sofrimento não terminou ali. No ano que levou à morte de mamãe e até um ano inteiro depois, sofremos a perda de oito membros da família. O acúmulo de desolação somou-se a um susto em minha saúde pessoal, que resultou em uma cirurgia complexa e na remoção de um lóbulo de meu pulmão esquerdo.

Foi uma temporada de extrema tristeza para toda a família. Ficamos decepcionados por que Deus não nos atendeu da forma que havíamos esperado e sabíamos que ele podia. Expressamos tudo isso a ele. Choramos nossas lágrimas de frustração, mesmo enquanto continuávamos tocando a vida em frente. Foi duro. Ainda é.

E, no entanto, mesmo agora, dez anos depois da primeira publicação deste livro, ainda consigo encará-lo olhos nos olhos e dizer, com tanta confiança hoje como então: *Deus é poderoso*. Porque o milagre que teria sido necessário para que ele curasse minha mãe não é menor do que o milagre de como o vi apoiar nossa família. A perda e dor que experimentamos poderia ter acabado conosco. Nossa mente ainda poderia estar corroída, nosso coração dilacerado e entorpecido, nossa fé em ruínas, endurecida pelo ceticismo, nossa capacidade de seguir em frente com esperança permanentemente avariada.

Mas não foi assim. Não foi o que aconteceu.

E essa é a minha prova, aqui mesmo, de que Deus é realmente poderoso.

O Espírito Santo nos sustenta. Isso é um milagre.

Deus é poderoso para nos impedir de cair, de nos debater e afundar no desespero. Ele é poderoso para continuar nos levantando da cama de manhã e nos fortalecendo para nos apresentarmos para a vida, mesmo depois de termos sido severamente abatidos.

Isso é um milagre.

Bem no início destas páginas, eu lhe pedi para me contar seu *Problema* pessoal. Contei-lhe alguns dos meus, e compartilhei com você aqui ainda outros. E agora, quando chegamos ao encerramento deste tempo que passamos juntos, pegamos esses problemas à unha, os giramos e os voltamos para a plena luz da Palavra de Deus. E, embora eles ainda possam estar presentes aqui na sala conosco, não devem parecer exatamente iguais a como pareciam antes.

Não depois desses dois versículos de Efésios 3 tão espetaculares, poderosos, transformadores da vida e edificadores da fé.

Provavelmente seus *Problemas* tinham o hábito de escavar um espaço independente em sua vida, esperando ser tratados diferentemente, como se estivessem imunes às promessas das Escrituras que se aplicam a tudo o mais. Como polos opostos de um ímã, eles driblaram sua fé e se esquivaram dela, sempre parecendo estar um passo à frente do que Deus poderia realmente fazer a respeito deles.

Mas "agora" a liberdade deles acabou.

Chegou o *TEMPO* de conectá-los com
a capacidade de Deus.

Eles sempre esperaram sua plena atenção. Tomaram a poltrona, a cozinha, os corredores, o espaço no depósito, suas horas noturnas. Às vezes gritando, outras vezes humilhando, às vezes invadindo nos piores momentos possíveis. (Seus momentos de maior fraqueza.) E, no entanto, por mais difícil que tenha sido lidar com eles, você não se sentiu capaz de tirar os olhos deles — nem por um segundo.

Mas eles não têm mais o direito de dominar a conversa.

Você diminuiu o volume deles dando
um *GIRO* rumo "a ele".

Esses *Problemas* provavelmente pareceram insolúveis. Zombaram das suas tentativas de firme resistência, insistindo em que tinham o poder de vencer qualquer confiança que você pudesse reunir, mesmo nos melhores dias. Apontaram para sua presença, tão somente, como prova sólida não apenas da falta de capacidade de Deus, mas, pior — da falta de interesse dele.

E, apesar de tudo, você finalmente percebeu a jogada toda.

Aquele "que é poderoso" é aquele que está lhe
dizendo a *VERDADE*.

Talvez você tenha decidido que só precisa viver com o *Problema*. Talvez você tenha sentido que merecia isso — um tipo de punição. Talvez você esteja aguentando há tanto tempo que não sabe mais como é viver sem ele. Você concluiu que é simplesmente "o jeito que a vida é". É o melhor que você pode esperar. Você tem bons e maus dias, e vai ter de se contentar com isso.

Mas ele não define mais suas expectativas, porque você sabe que Deus é poderoso para fazer coisas que estão "infinitamente além".

Há uma *TRANSCENDÊNCIA* na capacidade de Deus.

Talvez não tenha sido nada gigantesco, apenas várias pequenas coisas acumuladas: dores e sofrimentos irritantes, frustrações contínuas, lentidão, uma sensação geral, mas ambígua, de estar paralisado e na rotina. Mas, com pessoas morrendo, se divorciando e lidando com sérias patologias à sua volta, você vem tentando não ficar no caminho de Deus nem incomodá-lo com seus problemas menores.

Entretanto, você mudou de atitude agora em relação aos pequenos problemas, sabendo que Deus se importa com "tudo o que pedimos ou pensamos".

Você abriu a *TOTALIDADE* de sua vida à capacidade de Deus.

Esses problemas e preocupações se mostraram muito bons em fazê-lo se sentir impotente. Exauriram-lhe a energia e sobrecarregaram-lhe a paciência e as reservas. Roubaram-lhe o sono, esmagaram-lhe a autoestima e sabotaram-lhe o senso de sanidade. Você sempre havia sido capaz de resistir na fé, independentemente do que acontecesse... Quer dizer, até que o *Problema* surgiu.

Mas você se cansou. É a última vez que o *Problema* o deteve. "O poder que opera em nós" está operando em você também.

Você está pronto para recorrer ao poder *TURBO* de Deus. Está transformando essas tribulações da vida em um *TRIBUTO* oferecido ao Senhor.
"A ele seja a glória."
"Na igreja e em Cristo Jesus."
"Por todas as gerações, para todo o sempre."

Sim, Senhor.
E agora que estamos do outro lado da forte, monumental declaração de Paulo sobre o poder de Deus que opera maravilhas, quero propor uma nova resolução a você. E a mim.

Da próxima vez que alguém lhe perguntar como vai a vida, quero que você pense em dar um novo tipo de resposta. De agora em diante, você não irá mais relacionar *a vida* com o seu maior e mais cabeludo problema. Não irá se referir aos anseios ou à falta do que se tornou praticamente uma marca de identidade para você, como os detalhes da altura e cor de cabelos na sua carteira de motorista. Não irá representar sua doença ou sofrimento — aquele sobre o qual todos parecem saber. Ou sobre o qual quase *ninguém* sabe.

Não será mais isso.

A vida... é a capacidade de Deus.

E se, quando você falar sobre o que está acontecendo em sua vida, em vez de preencher todas as linhas de assunto com suas perturbações e tristezas, você preencher o centro do palco ressaltando o nome e a ação de Deus? E se você falar muito mais sobre a obra de Deus do que sobre suas preocupações? Não estou falando para você se tornar alguém que nega ter quaisquer problemas, só alguém que escolhe deliberadamente, intencionalmente, verbalmente tornar o poder de Deus o protagonista na conversa. Você consegue imaginar a diferença que essa recalibragem faria?

Já fomos suficientemente lembrados agora, sem dúvida, de que "Deus é poderoso". Então acho que devemos ter muito mais a dizer sobre a capacidade, amor, poder e compaixão e força sustentadoras do que teríamos a dizer sobre quão mal nos sentimos. Quero falar sobre Deus, não sobre os *Problemas*. Você não?

Vamos deixar que ele seja o novo assunto que povoa nossa atenção e conversas.

* Celebre a liberdade que a capacidade de Deus nos dá e como ela nos ajuda a ficar satisfeitos em qualquer temporada da vida pela qual estejamos passando.
* Dê glória a Deus pela ousadia e destemor com que nos anima, mesmo quando tudo o mais dentro de nós está gritando para entrar em pânico e sair correndo.
* Ressalte os milagres dele em vez de só passar para o próximo problema.
* Permaneça confiante nele, mesmo quando está lidando com problemas difíceis.

Se vou ser um livro aberto sobre alguma coisa, quero ser sobre quão abençoada sou por ser amada, cuidada e protegida pela poderosa e soberana graça de Deus.

O mundo em que vivemos pode não ter uma visão pessoal muito elevada da capacidade de Deus. Talvez não creia que ele possa ainda operar sobrenaturalmente na vida das pessoas. Mas sei que ele pode.

E você também.

Nosso Deus é PODEROSO.

E

Isso

É

Maior

Do

Que

Qualquer

Problema.

Sobre a autora

Priscilla Shirer é esposa e mãe em primeiro lugar, mas coloque nas mãos dela uma Bíblia e no coração uma mensagem, e você verá por que milhares de pessoas encontram Deus poderosamente nas conferências que ela realiza. É autora de vários livros e estudos bíblicos que são sucessos de venda, e também atua como atriz de filmes cristãos. Ela e o marido, Jerry, lideram o ministério Going Beyond Ministries em sua cidade natal, Dallas, no Texas, nunca longe de seus três filhos.

Leia também:

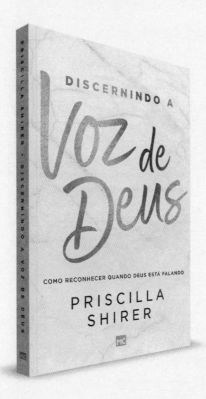

Deus deseja nos ouvir, mas por que será que é tão difícil perceber que ele está realmente nos ouvindo? E por que parece que não conseguimos reconhecer quando ele fala conosco?

Priscilla Shirer tem dedicado sua vida para aproximar homens e mulheres do Deus vivo. Suas mensagens e livros alcançam milhões, pois expressam os desafios, as angústias e as expectativas que temos sobre como nos relacionarmos mais profundamente com o Senhor.

Deus ainda fala com seu povo, e Priscilla Shirer ajudará você a reconhecer a voz do Pai em meio aos ruídos do dia a dia e a preparar-se para o que ele deseja fazer em sua vida.

Compartilhe suas impressões de leitura,
mencionando o título da obra, pelo e-mail
opiniao-do-leitor@mundocristao.com.br
ou por nossas redes sociais

Esta obra foi composta com tipografia Adobe Caslon Pro
e impressa em papel Pólen Natural 70 g/m² na gráfica Santa Marta